규슈 역사를
따라서
한국을
찾아 걷다

규슈 역사를 따라서
한국을 찾아 걷다

발행일	2018년 8월 3일			
지은이	김홍수			
펴낸이	손형국			
펴낸곳	(주)북랩			
편집인	선일영	편집	오경진, 권혁신, 최예은, 최승헌, 김경무
디자인	이현수, 김민하, 한수희, 김윤주, 허지혜	제작	박기성, 황동현, 구성우, 정성배
마케팅	김회란, 박진관			
출판등록	2004. 12. 1(제2012-000051호)			
주소	서울시 금천구 가산디지털 1로 168, 우림라이온스밸리 B동 B113, 114호			
홈페이지	www.book.co.kr			
전화번호	(02)2026-5777	팩스	(02)2026-5747

ISBN	979-11-6299-251-7 03910 (종이책)	979-11-6299-252-4 05910 (전자책)

잘못된 책은 구입한 곳에서 교환해드립니다.
이 책은 저작권법에 따라 보호받는 저작물이므로 무단 전재와 복제를 금합니다.

이 도서의 국립중앙도서관 출판예정도서목록(CIP)은 서지정보유통지원시스템 홈페이지(http://seoji.nl.go.kr)와
국가자료공동목록시스템(http://www.nl.go.kr/kolisnet)에서 이용하실 수 있습니다.
(CIP제어번호 : CIP2018023392)

일본 규슈에
남아 있는
한민족 문화유산
탐방기

김홍수 지음

규슈 역사를 따라서 한국을 찾아 걷다

가깝고도 먼 나라, 일본. 그중에서도 한반도에서
가장 가까운 섬 규슈에 남아 있는
한민족의 흔적을 찾아서 발로 쓴 답사기

북랩 book Lab

머리말

　일본 역사에 대해 많이 알지 못하던 시기인 1992년에 일본의 역사, 문화, 유물을 처음으로 직접 접하는 기회가 있었다. 오사카, 나라, 교토의 고대 한일 관련 유적지 여러 곳을 방문하였는데 그 중에서 일본의 고대 수도인 나라의 법륭사 보물관에서 전시하고 있던 '백제관음'이라는 3m에 가까운 높이의 아름다운 목제 불상을 봤다. 백제라는 이름으로 너무나 아름답고 멋있는 유물이 완전한 수준으로 일본에 남아 있어 일본인들은 꾸준히 보아 왔고 우리도 늦었지만 이렇게 보고 있다는 것이 대단히 신기했고 놀라운 느낌을 받은 적이 있었다.

　또한, 1995년 회사 일로 도쿄에 근무하고 있을 시기에 자주 방문한 도쿄국립박물관의 부속 서점에서 광개토대왕비문의 다양한 탁본 인쇄본을 모아 판매하고 있는 것을 보았을 때 '왜 일본의 박물관에서 우리나라 역사상 가장 위대한 고구려 왕의 거대한 석비 탁본을 여러 종류 모아 팔고 있을까? 광개토대왕하고 일본하고 무슨 관계가 있는 걸까?'라고 이상하게 여겼던 기억이 난다.

　그 후에도 도쿄국립박물관의 '궁내청 소장 보물 특별전'에서 실물을 쉽게 보기 어려운 〈성덕태자와 두 왕자상〉을 관람하면서 이 그림을 백제 위덕왕의 아들 아좌 태자가 그렸다는 것과 그 초상화가 1,400여 년의 기간이 지났음에도 너무나도 선명한 색상과 모습으로 남아 있다는 것에 또 한 번의 큰 감동을 받았다.

저자가 일본 도쿄에서 거주했던 지역이 시부야에서 요코하마로 가는 전철 도요코센(東横線)의 유텐지(祐天寺) 역 근처였다. 그 인근의 유텐지(祐天寺)에서는 1945년 8월 해방이 되면서 일본에 가 있던 조선인 피징용자 8,000여 명을 태우고 부산으로 돌아오던 우키시마호가 원인을 알 수 없는 폭발로 침몰하면서 죽은 조선인 사망자들을 위한 추도회가 열렸다. 지금은 많이 좋아졌지만, 당시 일본 내에서 극단적으로 대립하고 있었던 재일교포 민단과 조총련이 함께 위령 제사를 지냈다는 것이 이상하게 느껴졌다.

그리고 지금도 일본 수상 및 관료들이 수시로 방문하여 한국과 중국의 국민들의 감정을 자극하던 야스쿠니신사에 2차 세계대전 전범들이 제신으로 함께 있는 것은 알고는 있었는데 그곳에 조선 출신 가미가제 특공대원들도 합사되어 있다는 것을 알게 되고, 야스쿠니 신사 옆의 유슈칸(遊就館)이라는 전쟁박물관에 그 특공대원들의 개인 신상을 상세하게 안내, 전시해놓고 있는 것을 보는 순간 받은 감정은 충격 그 자체였다.

지리상으로 가까운 한일 간에 고대부터 현대까지 수많은 일들이 벌어졌고 그 관련 유물과 흔적들이 그대로 일본에 남아있는 것을 보았다. 그 내용들은 참 복잡했다. 지금까지 우리가 알고 있는 것들의 진실은 무엇이고, 또한 모르고 있는 것이 무엇이고, 잘못 알고 있는 것은 무엇인지에 대해 많이 고민하는 시간을 보냈다.

한일 간의 다양한 관계에 대하여 오래전부터 경험하고 느낀 것을 기반으로 꾸준히 관심을 가져 왔었으나 회사 일에 열중하다 보니 보다 폭넓고 깊이 있는 연구 분석에는 한계가 있었다. 2017년 회사를 퇴직하면서 그동안 관심을 갖고 있었던 한일 관계사와 일본 역사에 대하여 깊이 있게 본격적으로 연구할 수 있는 시간이 주어졌다. 그래서 일본의 여러 지역을 현장 답사하고 그곳의 관계자들과도 많은 이야기를 나누면서 하나씩 정리할 수 있었다. 그리고 아직 한일 관계사 및 일본 역사에 관한 수많은 내용이 알려진 것들과 다름을 발견하고 연구와 정리를 지속적으로 할 필요성을 느꼈다.

한국과 일본의 최초의 역사서인 1100년대 이후에 쓰인 『삼국유사』, 『삼국사기』와 700년대에 쓰인 『고사기』, 『일본서기』는 그때의 상황에 따라 기술되어 있으므로 현재의 상황과 생각으로 해석하기에는 분명 무리가 있을 것이라 본다. 그럼에도 불구하고 내용을 해석하는 시기와 분위기나 사람들의 유, 불리에 따라 또는 편의에 따라 변조되고, 왜곡되고 그때의 내용과 다르게 나타나는 것도 있을 것이라고 생각한다.

앞에서 저자가 경험한 몇 가지 내용만 보더라도 한일 간의 관계는 어느 시기에 걸친 어떤 내용들도 결코 간단하지 않다라는 것을 알 수 있을 것이다. 우리의 역사는 알고 있는 내용들에 대하여도 관련 내용들을 보다 깊이 있게 많은 것을 파악하고 복합적으로 생각하면서 분석할 필요가 있다고 생각한다. 그리고 일본 역사에 대한 편견을 없애고 좀 더 객관적으로 가능한 범위 내에서 많은 지식을 습득할 필요가 있다고 생각한다. 더불어 한일 상호 관계사에 대해서도 보다 많은 부분을 파악하여 치밀하고 정확하게 분석하고 판단하고 역사적인 사실에 기반하여 양국 간에 도움이 되는 수준까지의 내용에 접근한다고 하면 더한 바람이 없을 것이다.

한일 간에 관련된 역사 연구와 탐사는 찾으면 찾을수록 꼬리에 꼬리를 물듯이 그 깊이가 더해 가는 것을 느낄 수 있다. 어릴 때부터 많이 들어온 『손자병법』「모공편」의 아래와 같은 문장이 복잡하고 어렵지 않은 내용이면서 마음에 와 닿는다.

知彼知己 百戰不殆　　　　　　　　　　지피지기 백전불태
상대를 알고 나를 알면 백 번 싸워도 위태로움이 없으며

不知彼而知己 一勝一負　　　　　　　　부지피이지기 일승일부
상대를 알지 못하고 나를 알면 한번 이기고 한번 지며

不知彼不知己 每戰必殆　　　　　　　　부지피부지기 매전필태
상대를 알지 못하고 나를 모르면 반드시 매번 위태롭다

들어가는 말

최근의 한일 양국 간 방문자수에 대한 통계자료에 따르면 한국인이 일본을 방문하는 숫자가 일본인이 한국을 방문하는 숫자보다 훨씬 많고, 또한 일본을 방문하는 외국인 중에서도 중국인을 제치고 제일 많다는 뉴스를 보았다. 일본을 방문하고 일본에 대하여 많은 것을 접하는 우리가 한일 간의 역사에 대해서도 일본 내에서 직접 경험하고 내용을 확인할 수 있는 기회가 많았으면 좋겠다는 생각이 들었다.

한반도와 일본의 지도를 현재의 지도와 정반대로 남과 북을 반대로 돌려 놓고 보면, 대륙으로부터 한반도를 거쳐 일본 열도로 연결되는 지형 구조라 한일 간의 긴밀한 관계를 통해 역사가 발전해 왔을 것이라 생각하는 것은 당연하다. 특히 한반도 남부에서 바로 바다 건너에 있는 일본 규슈 여러 지역과의 교류는 자연스럽게 이루어졌을 것이라고 생각하게 된다.

지리적 위치로 볼 때 한반도에서 수많은 역사적 사건이 발생한 시기를 즈음하여 일본으로 많은 유민이 건너갔음을 부인하기는 어려울 것이다. 최근에 개봉한 영화 '국제시장'을 보면 6·25전쟁 시 중공군의 참전으로 1950년 12월 흥남 철수 때 14,000여 명의 피난민들이 남의 나라 배인 미군의 '메러디스 빅토리호'를 어렵게 얻어 타고 남쪽으로 피난하여 경남 거제도로 가고 남한에 정착하는 모습을 볼 수 있다. 그 수많은 피난민들과 그 후손들이 오랜 기간 대한민국의 사회 발전에 알게 모르게 많이 기여했고, 또 기여하고 있다. 이를 보면 고대에 한반도에서의 수많은 전란 시 많은 우리 민족이 어렵고 힘든 과정을 거쳐서 일본으로 건너갔을 것이다. 일본의 가장 오래된 사서인 『고사기』, 『일본서기』에도 여러 시대에 걸쳐서 이런 내용들이 기술되어 있는 것을 볼 때 그 사실들을 정확하고 깊이 있게 알게 되면 한일 관계를 이해하는 데 좋은 길잡이가 될 것이다.

660년 신라, 당나라 연합군에게 패망한 후, 일본의 참전과 함께 663년까지 계속된 백제 재건 전쟁에서 신라, 당나라 연합군에게 완전히 패했을 때 백제 백성들의 상황이 『일본서기』에 상세히 기록되어 있다. 그중 일부는 다음과 같다.

그때에 백제 국민들이 말하기를 "주류성이 항복하였다. 이 일을 어떻게 할 거냐. 백제의 이름은 오늘로 끊어졌다. 조상의 분묘를 이제는 갈 수가 없구나." … 처자식들에게 나라를 떠날 것을 알렸다. … 이튿날 배가 떠나 일본으로 향하였다.

작가 최인호는 소설 『잃어버린 왕국』에서 백제가 망하면서 백제 부흥군으로 왔던 일본군 배를 간신히 얻어 타고 일본으로 넘어간 수많은 인물들 중에 갓난아기였던 두 인물을 소개하고 있다. 그 두 사람은 지금까지도 전해져 한일 고대관계를 생생히 증언하고 있는 『고사기』의 저자 오노야스마로(太安万呂)와 차이가 크지 않던 고대 한국어와 일본어로 수많은 시가를 지어 일본인들에게 시성(詩聖)으로 불리는 야마노우에노오쿠라(山上憶良)이다. 야마노우에노오쿠라의 시는 『만요슈(万葉集)』라는 고대 시집에 실려 있다. 소설이라는 형식을 취했지만, 충분히 그럴듯한 내용이었고 나에게 역사 탐사를 해야겠다는 동기를 주기도 했다.

특히 일본의 규슈는 한국 남부와 지리적으로 아주 가까운 거리에 있어 한반도 내의 전쟁 등 격변 시 넘어온 유민뿐만 아니라 일본과의 전쟁에서의 포로, 개인이나 소집단으로의 이주, 새로운 땅의 개척, 문화 전래 사절 등을 이유로 수많은 이들이 한반도로부터 이주 정착을 했을 것이다.

바닷가이든, 깊은 산 속이든, 넓은 평야이든, 어디든지 그리고 어느 시점부터 일본인으로 살아가고 있든지 간에 사시사철 아침, 저녁으로 떠나온 고국 땅을 마음속에 간직하고 멀리 바라보며 상념에도 젖기도 하고 결코 잊을 수 없는 고향에서의 기억들을 생각했을 것이다. 그리고 정착한 일본 땅에서 산의 이름으로, 마을 이름으로, 다리 이름으로, 벌판의 이름으로, 또는 역사책 안에 어떤 형태로든 남기려는 노력을 했을 것이다. 그런 사유에서인지 일본 전역, 특히 규슈 지역에 한반도와 관련된 많은 것들을 우리가 방문하는 지역마다 마주쳤다.

역사 서적을 연구하면서 알게 된 내용을 직접 현장 방문하면서 파악하는 것은 더 실질적이고 연구 범위를 넓혀 주어 기대 이상의 내용도 추가로 파악할 수 있었다. 현지에서 만난 이도국역사박물관의 이사와 마사오 씨와 에다 신사에서 만난 야노 요시노리 씨는 개인 차량을 직접 제공하여 계획하지 않았던 주요한 유적지까지 안내하고 많은 내용을 친절하게 설명해줘 더 깊이 있는 탐사가 되었다. 이 자리를 빌어 감사를 전하고자 한다.

한국에 있는 지명과 유물, 신화와 전설들이 일본에도 똑같이 아니면 아주 유사한 내용들로 남아있다. 그리고 일본에 더 많이 옛날의 모습 그대로 간직되어 있다. 물론 『삼국사기』, 『삼국유사』도 있고 일본에는 최고의 역사서로 내려온 『고사기』, 『일본서기』도 있지만, 한국과 일본에서 위 역사서들이 나오기 오래전, 중국에서 한국과 일본을 동이족 범주에 넣어 관찰하고 기술한 역사서들을 좀더 참고하여 그 사서에 나온 지역 등에도 방문하고 그곳에서의 한일관계도 찾아 보았다.

백제의 수도 중 가장 오랫동안 유지됐던 한성백제의 몽촌토성 위에 서서 고대의 우리 민족을 생각했다. 그리고 근처에 있는 송파구청 앞에 세워져 있는 칠지도의 모형물 앞에서 한일고대사의 주요한 유물을 바로 주변에서 우리에게 알려 주려는 노력을 하고 있는 것을 다시 한 번 생각해 보았다. 이 칠지도는 현재 일본 나라 지역의 이소노가미(石上)신궁에 보관하고 있다. 그리고 공주 무령왕릉, 부여 성왕 동상, 김해의 대성동 고분, 고양시의 가라산, 나주의 반남고분군, 그 외 우리 주변에 남아 있는 수많은 한일고대사의 흔적을 수시로 찾아 보고 일본과의 연관성을 생각하면서 관심 있는 일본 유적지를 탐사했다.

이번 규슈 지역의 역사 탐사를 통해 고대 일본의 신화와 역사 속에서 일본을 좀 더 깊이 있게 많이 알게 되었고 한반도 관련 내용들이 어떤 수준의 모습으로 남아있는지도 살펴보았다고 생각한다. 더 많은 사람들이 일본 역사 및 한일 고대사에 대하여 깊숙이 연구해 일본을 제대로 알고 일본에 잘 대응할 수 있는 방향을 제시할 수 있으면 더 할 나위가 없겠다.

차례

1장

일본 신화의 땅
규슈

I.
일본의 신화에서
한국을 찾다

　일본을 방문하기 전에 역사서에 기록되어 있는 일본 건국신화에 관한 내용에 대하여 파악하고 그중에 규슈 지역과 관련 있는 내용을 좀 더 구체적으로 알고 여행을 하면 좀 더 풍요로운 여행이 될 것으로 생각한다. 일본 건국신화를 연구하다 보면 일본이 어떻게 만들어지고 과거의 전통 속에서 조화를 잘 이루고 있는 현재의 일본 문화를 조금은 알 수 있을 것 같다. 또한, 일본 건국신화를 통해서 일본의 역사도 더 많이 알게 되지만 그와 함께 한국과 일본 고대사의 유사성도 찾을 수 있고, 일본 각지에 널려 있는 한반도 관련 유적의 유래 등을 좀 더 정확히 이해할 수 있다고 생각한다.

　일본을 가보면 역사의 현장이 잘 보존되어 있는 것을 볼 수 있고 특히 규슈 지역에서는 지리적으로 가까운 한반도와 교류의 흔적들을 많이 만날 수 있다. 특히, 남부 규슈 지역의 많은 곳이 일본 건국신화에 나오는 천손강림신화(天孫降臨神話), 히무카(日向) 3대 신화와 관련된 지역이라서 그런지 가는 곳마다 잘 보존되어 있는 역사의 현장을 접할 수 있다.

우리의 고대 국가의 여러 건국신화들과 일본의 건국신화는 유사한 점이 많으나 특히 우리나라의 건국신화인 단군신화와 일본의 천손강림신화는 유사한 점이 더 많은 것을 알 수 있다. 우선 일본 건국신화를 알기 전에 우리의 『삼국유사』에 기록되어 있는 단군신화에 대하여 간략하게 알아보고자 한다.

　하늘나라를 다스리시는 신 환인은 아들 환웅이 하늘 아래 지상을 다스릴 뜻이 있음을 알고 천부인 세 개를 주어 그곳에 내려가 다스리도록 하였다. 그래서 환웅은 3,000여 명과 함께 주로 농업을 주관하는 신들인 바람의 신, 비의 신, 구름의 신을 데리고 태백산 정상의 신단수에 내려왔다. 이곳에서 곰과 호랑이가 인간이 되기를 간청하니 환웅은 "쑥과 마늘을 먹으면서 100일 동안 햇빛을 보지 않으면 인간이 될 것이다."라고 하였다. 호랑이는 이를 지키지 않았으나 곰은 이를 잘 지켜 인간이 되었다. 그리고 환웅과 결혼하여 단군을 낳는다. 단군이 아사달에 도읍을 정하고 나라를 조선이라 불렀다. 이것이 우리나라 최초의 국가인 고조선의 건국신화인 단군신화의 내용이다.

　일본의 건국신화도 하늘나라에서 하늘의 자손이 규슈 가고시마와 미야자키 지역 등에 내려와 히무카(日向) 3대를 거치면서 야마토(大和: 지금의 나라(奈良) 지역)로 진출하여 왜 나라를 세우고 일본의 천황이 되어 통치한다는 내용으로 하늘의 자손이 지상으로 내려와서 나라를 세운다는 내용이 단군신화와 아주 유사하다.

　『고사기』, 『일본서기』라는 역사서에 일본 건국 신화가 기술되어 있다. 『고사기』, 『일본서기』는 8세기 초에 일본이 국가로 정비되면서 만들어진 역사서이다. 그 안의 내용이 어떤 것인지 알기 전에 먼저 『고사기』, 『일본서기』라는 역사서가 어떤 책인지부터 알면 일본의 역사를 이해하는 데 많은 도움이 될 것이라 생각한다.

일본의 나라(奈良) 시대 초기 712년에 현존하는 일본 최고의 역사서인 『고사기』가, 720년에 일본의 정사(正史: 국가에 의해 공식적으로 편찬된 왕조의 역사로서 한 왕조가 멸망한 후에 다음대의 왕조에서 일하는 사람들이 편찬함. 우리나라의 정사는 『삼국사기』, 『고려사』, 『조선왕조실록』 등이 있다) 『일본서기』가 완성되었다. 두 역사책이 편찬된 건 덴무천황의 시기였다. 이때는 한반도에서 삼국통일이 이루어진 이후 일본 열도도 대혼란기를 거치며 '왜'가 아닌 '일본'이라는 국명을 처음 사용하면서 천황가를 중심으로 국가가 확립되었던 시기였다. 그래서 영속하는 국가의 기초를 구축하기 위해 그 근거가 되는 역사서 편찬이 필요했다.

일본에서 출간된 『고사기』, 『일본서기』 관련 서적들

두 권의 책은 완성 시기는 다르지만 모두 하늘과 땅의 시작으로부터 신들 세계 이야기와 천황의 역사가 기록되어 있다. 『고사기』는 그 당시 전해지고 있던 제기(帝紀: 천황가의 역사), 구사(舊辭: 호족의 신화와 전승)를 히레다노아레(稗田阿礼)가 외우고 있던 것을 낭독하여 오노야스마로(太安万侶)가 집필, 편찬한 것이다. 내용은 하늘과 땅의 시작으로부터 33대 스이코천황까지의 사건들과 전기를 중심으로 한자의 음을 사용하여 일본어의 문맥을 활용한 한문체로 묘사하였다.

『고사기』는 우리나라의 이두표시와 비슷하게 한자의 음독과 훈독을 교대로 하는 음훈혼합 일본문으로 작성되었다. 주요한 신이나 사람의 이름 및 고유한 이름, 노래 등에 일본어 음을 표시하는 한자를 사용하고 훈과 음을 교대로 하는 문체로 작성했다. 그렇게 일본어의 발음을 표시하는 것은 가능한 반면『고사기』를 읽는 것은 아주 어려운 일이 되어 버렸다. 음으로 읽는 것이 훈으로 읽는 것이 맞는지를 알기가 어려워 오노야스마로(太安万侶)는 알기 어려울 것이라고 생각한 것들에는 음과 훈의 주를 달아 놓기도 했으나 여전히 전체를 정확히 파악하는 데는 많은 어려움이 있다.

히레다노아레(稗田阿礼)는 당시 28세였는데 문장을 한 번만 보면 암송할 수 있고, 한번 들은 것도 잊어버리지 않는 등 우수한 기억력을 갖고 있었던 것 같다. 그러나 그에 대해 남겨있는 기록이 거의 없고 남성이었는지 무녀였는지도 불확실한 의혹이 많은 인물이다.

오노야스마로는 도래계 씨족으로 알려진 오노호무치(多品治)의 아들로 알려져 있고, 앞의 머리말에서도 언급했듯이 백제가 최종 멸망하는 백촌강의 전투 후 일본으로 후퇴하는 선박에 타고 유민으로 일본으로 넘어왔다는 내용이 있어서 우리도 관심이 가는 인물이다. 1975년에는 오노야스마로의 묘가 나라 지역의 광활한 차 밭에서 발견되었는데 그 안에 41자의 글자가 새겨진 동판의 내용이 해독되면서 실존했던 인물이라는 것이 증명되기도 하였다.

한편『일본서기』는 국가사업으로서 40년 정도 경과하여 편찬하였는데 천지개벽부터 41대 지토천황까지 역사를 당시의 국제어인 한문으로, 중국 정사와 같은 연대를 추가한 편년체로 기록하여 30권, 계도 1권으로 완성되었다. 신대기를 제외하고는 모든 기사가 연, 월, 일의 형식으로 되어 있다. 또한 『일본서기』는 『제기』, 『구사』 뿐만 아니라 『백제기』, 『백제신찬』, 『백제본기』를 참고하여 기록하였다고 언급하고 있다.

그런데 『일본서기』는 정사의 형식을 취하고 있음에도 서문도, 상표문도 없다. 또한 작업이 누구에 의해서 이루어졌는지도 알 수 없게 되어 있다. 표기가 통일되지 않아 편찬 작업은 많은 관료가 그룹을 형성해서 분담해서 한 것으로 전해진다. 그리고 편찬에 당시의 실력자이고 한반도와 깊은 관계가 있는 후지하라후히토(藤原不比等)가 중요한 역할을 했던 것으로 보이고, 도래계 학자들 다수가 관여한 것으로 알려져 있다.

당시 일본의 학술, 문예 등을 담당했던 많은 사람들이 도래계의 사람들이었다고 한다. 그들은 조정의 문필, 기록, 한문학자, 역사학자, 황실 및 귀족의 교육자 등이 활약하고 있었다. 후지와라 가문은 위의 도래계 지식인을 많이 활용했고, 이들 중에 『일본서기』 편찬 사업에 참가했을 가능성이 높다고 볼 수 있다.

『고사기』는 국내용으로 천황가에 의한 지배의 정당성을 표시하기 위해 기록한 천황가의 사적인 역사로 생각되나, 『일본서기』는 국외에서 통용될 수 있는 국가로서의 일본을 과시하기 위한 정사이다. 추가로 『고사기』는 일본 건국의 한 축이 되는 이즈모(出雲) 지역에 대한 내용이 주요한 위치를 점하고 있고, 씨족의 계보에 대한 관심이 높게 반영되었다고 하나, 『일본서기』에는 이즈모(出雲) 지역을 기원으로 하는 신화가 등장하지 않고, 중화 사상의 영향이 많이 반영되었다고 한다.

두 역사서는 성립의 사정과 내용, 수록 범위, 형태 등에서 많이 다른 것을 볼 수 있었다. 특히 세계관에서 서로의 차이를 볼 수 있다. 『고사기』에서는 다카아마노하라(高天原: 하늘나라)가 지상 세계의 위에 있는 것으로 설정하고 천황의 선조가 하늘의 최고신으로 있는 것으로 천하 지배의 근거를 만들었으나, 『일본서기』에는 세계의 시작을 중국의 음양 사상과 함께 기술하고 있고 그것이 계속되는 형태로 천황 존재의 정당성을 이야기하고 있다.

또한 『고사기』에는 신화에 대한 내용이 3분의 1을 차지하고 등장하는 씨족의 숫자도 『일본서기』보다 2배 가까이 많다. 그와 반대로 『일본서기』에서는 비교적 천황의 시대를 중시하고 있다. 중국사서 및 다채로운 서적 인용이 많이 보이고, 이전(異伝: 다른 책에는 다른 내용으로 전하고 있다는 내용을 추가로 기록함)을 다수 수록한 것도 특징이다.

그리고 『고사기』, 『일본서기』에 수반해서 우리가 알고 있으면 관련 역사를 이해하는 데 도움이 되는 서적이 있다. 『풍토기』라는 책은 713년에 편찬된 것으로 일본 각지의 습속과 군사적 요소를 기록한 것이고, 『만엽집』은 7세기에서 8세기에 걸쳐서 읊어졌던 노래들을 모은 가장 오래된 노래집이다. 우리나라의 향가와 같이 한자의 음을 이용하여 기록한 것으로 고대 한국어와 일본어 등을 찾아볼 수 있는 좋은 자료가 되고 있다.

『신찬성씨록』은 815년에 편찬한 고대 씨족의 계보서이다. 출신 별로 황별(황실의 자손) 335씨족, 신별(일본 신들의 자손) 404씨족, 제번(도래인의 자손) 326씨족, 그 외 117씨족으로 분류해 그들의 조상과 씨족명의 유래 등으로 1,182씨족을 기록하고 있으며, 황별 씨족, 신별 씨족도 한반도와 많은 관련을 찾아볼 수 있으나, 도래인의 자손인 제번씨족 중 백제계가 104씨족, 고구려가 41씨족, 신라에 9씨족, 가야에 9씨족이 한반도를 뿌리로 하면서 일본 역사에 크게 기여한 것을 찾아볼 수 있다.

『고사기』안에 기록되어 있는 신화의 내용은 다카아마노하라(高天原), 이즈모(出雲), 히무카(日向)를 무대로 하는 신화군으로 구분되어 있고, 많은 신들이 등장한다.

천손강림신화(天孫降臨神話)와 히무카(日向) 3대 유적지 안내도

『고사기』에는 하늘과 땅이 2개로 나누어져 있던 시기에 하늘나라에는 여러 신들이 계속해서 등장하는데 그중 마지막으로 이자나기, 이자나미신이 태어났다고 한다. 두 신은 부부가 되고 두 신이 협력해서 일본 열도를 만들어낸다. 그 후 여러 신들을 계속 만들다가 불의 신을 만들면서 이자나미는 화상을 입어 죽는다. 이자나기는 이자나미를 너무 보고 싶어 이자나미가 죽어서 간 요미(黃泉)국으로 가 이자나미를 만나는데 너무 더럽고 처참한 모습을 보고 도망쳐 온다. 지상으

로 돌아온 이자나기는 요미(黃泉)국에서 오염된 것을 씻어 버리기 위해 아와키하라(阿波岐原)에 가서 몸을 깨끗하게 씻는다. 씻을 때 왼쪽 눈에서 아마테라스(天照大神), 오른쪽 눈에서 쯔쿠요미(月読命), 그리고 코에서 스사노오(須佐之男) 3신이 태어난다.

아마테라스는 하늘나라인 다카아마노하라(高天原)를 다스리고, 쯔쿠요미는 바다를 다스리고, 스사노오는 천하를 다스리도록 명을 받았으나, 스사노오는 이를 행하지 않고, 돌아가신 어머니 이자나미를 요미(黃泉)국에 가서 보겠다고 하여 이자나기는 그를 추방해 버린다.

스사노오는 누나인 아마테라스를 다카아마노하라에서 만나 뵙고 요미(黃泉)국으로 가겠다고 하며 다카아마노하라를 난폭하고 시끄럽게 방문하여 아마테라스는 스사노오가 반역하는 것으로 순수성을 의심하자 스사노오는 "신에게 맹세하고 상대방이 갖고 있는 칼과 곡옥으로 아기를 만들어 태어난 아기가 여자아기인 쪽이 이기는 것으로 하자"고 제안하여 두 신은 서약하고, 먼저 아마테라스는 스사노오의 검으로부터 세 명의 여신이 만들어졌다. 다음에 스사노오는 아마테라스의 곡옥으로부터 다섯 명의 남신을 낳았다. 스사노오가 "나의 마음이 깨끗하여 여신을 낳을 수 있었다"고 청결을 선언한 후, 여러 가지 난폭한 행패를 부리자 견디다 못한 아마테라스는 아마이와토(天岩戶)에 몸을 숨겨버렸다. 그러자 태양이 숨어버리고 천지는 암흑으로 변했다. 이에 지상인 아시하라(葦原)는 대혼란이 일어났고 수많은 신들이 아마이와토 앞에 모여 아마테라스가 나오도록 빌었으나 소용이 없었다.

아마이와토 앞에서 여러 신들이 모여 춤추며 시끌벅적하자 아마테라스가 궁금해 하면서 몸을 내밀자 힘의 신인 아메노타지카라오가

굴 문을 열어 아마테라스가 밖으로 나오게 한다. 태양의 신이 굴 밖으로 나오자 다시 다카아마노하라도, 아시하라도 태양이 비쳐 환해졌다. 그리고 스사노오는 아시하라의 이즈모(出雲)로 추방되었다.

다카아마노하라에서 추방된 스사노오가 이즈모의 히이가와(斐伊川) 상류의 도리죠(鳥上) 마을에 내려온다. 그리고 그 마을을 괴롭히고 있는 야마타노오로치(八岐大蛇)를 퇴치하고 난 후 쿠시나다히메(奇稲田姬)와 결혼하고 스가(須賀)에 궁궐을 짓고 이즈모국을 통치하면서 아들 오오나무치(大己貴)에게 대물림하였다.

아마테라스는 오오나무치(大己貴)가 다스리는 이즈모국을 양도받는다. 그리고 아마테라스의 손자인 니니기노미코토를 지상으로 내려 보내 지상을 지배하게 한다.

니니기노미코토는 거울, 곡옥, 검을 받아 부민(部民)을 거느리고 겹겹이 쌓인 구름을 헤치고 부교(浮橋)를 건너 규슈 쓰쿠시(筑紫), 히무카(日向)의 다카치호(高千穗), 구시후루타케(久土布流多氣)에 강림한다. 이와 같은 내용으로 천손강림 신화가 진행된다.

일본 땅에 내려온 니니기노미코토는 오오야마쯔미카미(大山津見神)의 딸 고노하나사쿠야히메(木花佐久夜姬)와 결혼하여 아들 셋을 낳았으나, 그 아들 중 동생인 야마사치히코(山幸彦)가 형 우미사치히코(海幸彦)를 굴복시키고 와타쯔미노오오카미(綿津見大神)의 딸인 토요타마히메(豊玉姬)와 결혼하여 우가야후키아에즈(鵜葺草葺不合命)를 낳는다. 여기까지가 히무카 3대(日向 3代)라고 부른다.

미야자키의 신화- 히무카 3대 등의 내용 안내판

우가야후키아에즈는 이모인 타마요리히메(玉依姫)와 결혼하여 카무야마토이하레비코노미코토(神倭伊波礼毘古命)를 낳는데 이 사람이 일본의 초대 천황인 진무천황으로 미야자키에서 태어나서 자라고 그 후에 야마토(大和)로 진출해 가시하라(橿原)에서 즉위한다.

위의 내용 중에서 한반도와 관련 있거나, 관련성을 유추할 수 있는 내용을 몇 가지 생각해 볼 수 있다.

통일신라 시대 최치원의 저서 『신증동국여지승람』 「고령현편」에 대가야의 건국신화가 전해지고 있는데 대가야의 시조는 이진아시(伊珍阿豉)이고, 가야 산의 여신 정견모주(正見母主)가 천신 이비가(夷毗訶)에 감응하여 대가야왕 뇌질주일(惱窒朱日)과 금관가야의 왕 뇌질청예(惱窒靑裔)를 낳았다. 뇌질주일은 이진아시의 별칭이고, 뇌질청예는 수로왕의 별칭이라고 기록하고 있다.

앞에서 살펴본 것처럼 『일본서기』에는 일본을 본격적으로 만들어가는 이자나기와 이자나미신이 보이는데 대가야의 시조인 이진아시(伊珍

阿鼓)와 이름이 비슷한 것이 일본과 대가야의 관련성을 보여 준다.

『일본서기』에는 하늘나라에서 쫓겨난 스나노오가 맨 처음 다다른 곳에 대하여 또 다른 책(一書)에는 다음과 같이 기록되어 있다고 언급하고 있다.

신라국(新羅國)에 내려와 소시모리(曾尸茂梨)라는 곳에 도착해 있었다. 그리고 "이 땅은 내가 있고 싶지 않다."라고 하며 배를 만들어 타고 동쪽으로 가 이즈모(出雲)의 도리죠미네(鳥上峯)로 갔다.

스사노오가 다카아마노하라(高天原: 하늘나라)로부터 내려왔다는 신라국의 소시모리는 우리말로 '소머리', 한자로는 우두(牛頭)라고 적는데 경남 합천에 가야산의 최고봉이 우두봉으로 이곳이 『일본서기』에 나오는 소시모리라고 추측되고 있다. 또 하나의 우두봉이 춘천 시내에 있는데 일제 시대 때 이곳에 일제가 거대한 신사를 계획한 적이 있고 해서 이곳을 일본 역사의 근거지로 추정하는 연구도 있다.

또한, 『고사기』에 기록된 천손강림신화(天孫降臨神話)에는 니니기노미코토가 쓰쿠시(筑紫)의 히무카(日向) 다카치호(高千穗)의 구시후루타케(久士布流多氣)에 내려와 "이곳은 한국(韓國)을 향하고 가사사(笠沙) 해안으로 바로 통해서 아침 해가 직접 비추고, 저녁 해가 비치는 곳으로 이 땅이야말로 좋은 땅이다."라고 말하는 내용이 나온다.

건국신화는 가야도, 일본도 천신(天神)의 명령에 따라서 그의 자손이 강림해 국가를 지배한다는 내용이다. 강림한 땅을 비교해 보면『삼국유사』의 가락국기의 경우 가야의 건국신화인 천강난생신화(天降卵生神話)의 기록에 구지촌(龜旨村)이 있는 구지봉(龜旨峰)에서 6개의 황금알이 들어있는 금상자가 하늘에서 내려와 6개의 황금알이 늠름한 동자로 변해 6개 가야 연맹체를 건국하였다는 간략한 내용이고, 위에 언급한 것처럼 『고사기』에는 다카치호(高千穗)의 구시후루다케(久土布流多氣)라고 되어 있으며, 『일본서기』에는 히무카(日向)의 소(襲)의 다카치호봉(高千穗峰)이라고 기록되어 있어 동일한 지명인 것을 알 수 있다.

하늘의 최고신의 자손인 니니기노미코토가 내려온 곳인 구시후루타케(久土布流多氣)는 가야 신화에서 김수로왕이 하늘에서 내려온 봉우리의 이름이 구지촌봉(龜旨村峰)으로 이를 일본어로 읽는 것과 유사하다. 그리고 니니기노미코토가 하늘에서 땅으로 내려오자마자 처음 하는 말로 가라쿠니(韓國)를 언급하는 것을 보면 가야의 건국신화와 일본의 건국신화는 우연이라고는 할 수 없을 정도로 일치하는 부분이 많다.

『고사기』, 『일본서기』에는 일본 천황의 발상국인 히무카(日向)에 신대(神代) 3대가 언급되어 있는데 이 3신은 실재했던 인물의 비유라고 볼 수도 있다. 신대 3대는 가야의 김수로왕의 자손인 7왕자가 김해에서 규슈 땅에 넘어와 이 지역을 개척하고 기반을 다져가면서 4대째에 지금의 나라 지역인 야마토(大和)를 정복하여 신으로부터 인간으로 초대 진무천황으로 등극하는 내용들을 보면 두 역사책의 편찬자들이 포함된 도래계 많은 지식인들이 한반도의 역사 중 이 가야 신화에 근간을 두고 다카치호의 구지후루타케의 천손강림 신화를 기록한 것이 아닌가 추측된다.

2.
일본의 신사를
알고
유래를 읽는다

　일본을 여행하다 보면 다른 무엇보다도 크고 작은 신사가 여기저기 있는 것을 볼 수 있다. 우리에게 일본의 신사는 일제 시대 때 우리 민족에게 강제로 신사 참배를 강요했던 기억과 함께 지금도 태평양 전쟁 전범들을 제신으로 모시고 있는 도쿄 야스쿠니 신사에 수시로 일본 수상 및 관료들이 참배하는 것 등으로 부정적인 인식이 크게 작용하고 있는 것이 사실이다.

　우리가 일본을 방문하는 경우에 그런 부정적인 인식 때문에 마주치는 수많은 신사를 방문하지 않고 심지어는 의도적으로 피해감으로써 한반도와 관련이 있으면서 역사적 이야기가 남아 있는 일본 전 국토의 신사에 대해 더 깊이 있게 알 수 있는 길을 스스로 막아 버린다.

　신사에 들어가면 그 신사의 유래에 대해서 잘 알 수 있는 방법들이 있다. 안내 표시판, 신사의 기원이 기록되어 있는 신사엔기(神社緣起), 신사에서 일하는 신관, 무녀들에게 이야기를 듣는 것 등을 통해 그 신사의 내력을 파악할 수 있다. 전혀 예상치도 않은 역사적 유래를 알 수도 있고, 또 한반도와 관련 있는 의외의 내용도 알게 될 수 있다. 이국땅에서 우리와 관련되는 내용을 우연히 알게 될 때 또 다른 감동은 이루 말할 수 없을 것이다. 본 저서에서도 방문하는 많은 지역의 신사들이 한반도와 관련이 있다는 것을 볼 수 있게 된다.

일본 전국에는 8백만여의 신들이 머물고 있는 10만여 개의 신사가 있는 것으로 알려졌다. 일본인들이 오래된 역사로 성스럽게 여기는 공간인 신사란 무엇이고 어떤 의미를 가졌는지에 대해 기본 지식을 가지고 일본 여행 중에 수없이 마주치는 신(神)들의 공간(空間)인 신사를 방문하면 한결 도움이 될 거라 생각한다.

신사의 역사는 언제 어떤 모습으로 시작했는지를 살펴보면 좀 더 일본의 신사에 대한 이해를 넓힐 수 있다. 물론 한반도에서의 고대 제사 모습도 비슷했을 것으로 생각할 수 있을 것이다. 일본에서 죠몬 시대에는 토우(土偶: 흙 인형)를 만들었고, 야요이 시대에는 동탁을 사용하여 제사를 지낸 흔적이 보이고, 4세기 후반경에 고분시대가 되면서 여러 가지 제사의 모습이 보인다. 기본적으로는 신전, 사당 같은 것은 없었고, 이와쿠라(岩座: 신성한 큰 바위), 히모로기(神籬: 신에게 제사 지내는 구역) 등에서 오랫동안 신에게 제사 지냈다. 제사가 행해졌던 장소는 산과 마을의 경계이거나 신의 세계와 인간의 세계의 경계선에 있는 장소 등이었다. 그리고 최고의 음식을 갖고 가서 신을 만나는 모습이었던 것 같다. 현재에도 최고의 음식을 올리는 것이 신사의 핵심 업무 중 하나이다.

지금의 신사의 형태는 정확하지 않으나 『일본서기』에 일본의 최고 신인 아마테라스오오카미가 이세신궁의 땅에 진좌했던 것을 서력으로 계산하면 기원전 5년이라는 것이다. 물론 『일본서기』에 기록된 내용이 기간을 너무 선대로 끌어올려 놓고 기록된 부분이 많아 그대로 보기는 어려운 점이 있다. 그러나 신궁의 천도(본전을 보수하여 이전)가 690년에 있었다는 기록도 있어 그즈음 신사의 형태가 현재 신사의 모습이 아닐까 추측하고 있다.

고대 제사지의 원형으로 남아있는 모습- 무나가타대사

　현재의 신사 모습을 찾기 위해 제사의 유구를 가장 상세하게 조사한 곳이 뒤에서 이 책에서도 방문 후 언급하는 무나가타(宗像)대사인데 그중에서 오키쯔궁(沖津宮)이 있는 오키노시마(沖ノ島)에서 4세기 후반으로부터 10세기 초반까지 제사 유구가 많이 나왔으며 막대한 수의 유물도 발굴되었다. 오키노시마는 한반도와 북부 규슈 사이의 현해탄 한복판에 있는 작은 섬으로 한일 간 서로 오가는 경로에 있는 덕에 수많은 역사를 간직하고 있는 곳이다. 이곳에서는 큰 바위 위에서 제사, 큰 바위 아래에서 제사, 큰 바위 밑의 반노출 제사, 노천에서의 제사 등으로 장소와 내용이 조금씩 변해 온 것을 알 수 있다. 약 550년간 제사가 계속해서 행해져 온 곳이다.

　『삼국지』「위서 동이전 왜인조」에 따르면 야마다이국의 히미코는 귀도(제사와 점치는 것)에 능해서 여왕이 되었고 궁전에만 있으면서 사람을 만나지 않았지만 제사는 궁전 내에서 행했다고 한다. 그리고 『일본서기』에 의하면 스진천황은 천황의 궁궐 내에서 제사를 지냈다고 하고, 또한 황녀에게 궁전 밖에서 별도로 제사를 지내도록 하였다고 한다. 천황의 선조신, 수호신 등을 위한 왕궁 내에서의 제사와 신성한 바위에서의 토지신에게 지내는 제사 등이 시간이 흘러가면서 신을 위한 공간인 신사가 만들어진 것으로 추측된다.

고대 신사 제도의 확립은 일본이 율령 국가로의 이행이 되면서 이루어지는 것으로 볼 수 있다. 일본에서의 율령 국가라는 것은 천황과 그 정부가 전국을 일원화하여 지배하는 중앙 집권시스템이 구축되는 것이고 각지의 신들에게 바치는 제사도 일원화해서 신화의 체계 안에 이루어지는 것으로 볼 수 있다. 지금도 큰 신사들이 눈에 띄듯이 그 당시에도 현재와 마찬가지로 중요한 신사들이 핵심적인 역할을 했을 것으로 보인다.

인간은 재해에 대한 공포감이 있을 때 의지하면서 정신적인 도움을 받으려는 대상을 찾는 것은 자연스러운 것이며 이런 관점에서도 일본의 신도를 이해하면 어려움이 없을 것으로 생각한다. 여러 주위 환경의 혜택에 대해서는 감사드리고 재해 등에 대해서는 조심하는 마음을 갖는 마음 등이 신도 형성의 기반이 되었다고 한다. 일본에서 신사를 기반으로 하는 신도가 큰 변화 없이 오랫동안 일본 국민의 기본 신앙으로 자리 잡고 있는 것은 아래와 같은 중요한 역할을 한 덕분으로 볼 수 있다.

신사는 지역사회에서 제사를 행하는 것이 주요한 역할이다. 농업사회에 맞게 신사의 역할이 만들어졌다는 것이다. 사시사철이 변해가면서 씨앗을 뿌리고 열매가 맺고 순조롭게 진행되어 수확을 즐거워하고 감사하는 마음을 갖는 것도 아주 중요했고 지진, 태풍, 전염병 등 재해가 많은 것도 신사와 신도가 필요한 이유였다. 그래서 그 마을의 신사에서 제사 지내는 공동체 의식이 자연스럽게 자리 잡았다. 신도와 불교를 많이 혼동하는 때도 있는 데 신도에서는 사후의 세계는 생각하지 않는다. 사후의 세계는 불교에서 맡고 신사와 신도는 일상생활에 초점을 맞추어 존재한다.

또한, 천황이 직접 주관하는 제사를 한다. 천황의 제사가 중요한 것은 영속성에 있다. 매년 신상제(11월에 천황이 직접 주재하여 그해의 수확을 감사하는 제사를 지냄) 등이 궁중에서 오랫동안 계속해서 이루어지고 있고 이런 형식들이 큰 신사에서 유지됨으로써 신사, 신도가 현재의 모습을 간직하고 있다고 볼 수 있다.

그리고 『고사기』, 『일본서기』 등에 기록되어 있는 신들에 관한 내용의 보존, 연구가 지속되어, 고전 서적을 잘 계승하고 있는 것을 볼 수 있다. 이러한 보존, 연구는 중세에는 밀교계의 승려, 이세신궁의 궁사와 우라베 씨(卜部氏: 고대에 제사를 담당했던 귀족) 가문의 사람들이 계속해 왔으나 근세에는 국학자들이 많은 역할을 해왔다. 신사에서의 의식 등에 사용되는 축사 등을 고대어로 잘 맞게 만들어가는 등 고전 서적을 계승하는 노력을 지속하고 있다.

일본에서 신이라고 하는 것은 『고사기』, 『일본서기』 등에 등장하는 하늘과 땅의 많은 신들을 시작으로 해서 그것을 제사 지냈던 신사에 있는 신성한 영령도 신으로 볼 수 있고, 또 사람은 물론, 새와 짐승, 산천초목, 바다 등 그 밖의 어떤 것이라도 세상과는 다른 뛰어난 성

신사에 제신이 모셔있는 본전의 모습- 다카스신사

질이 있어서 굉장하게 보고 싶은 감정이 있는 것을 신이라고 말하고 있다.

여기에서 굉장하다고 하는 것은 존경하는 것, 선한 것, 세상을 위하는 것을 지향하는 것만이 아니라, 악하고 기이한 것이라 해도 세상의 평균과는 동떨어진 것도 신이라고 말하고 있다.

신은 부처님하고는 달라서 선한 신만이 있는 것이 아니다. 그래서 나쁜 일을 하는 사람이 행운을 보는 경우도, 선한 일을 하는 사람에게 재난이 내리는 경우도 있다. 신이라고 하는 것은 도리에 합당한지, 합당하지 않은 것인지를 가지고 판단하지는 않는다. 분노하고 공포스러운 것이 있다고 할지라도 오로지 정중하게 제사를 지내는 것이 기존의 상식과 조금 다른 것이다.

신에게 제사를 지내고 있을 때는 어떻게 해서라도 이 신이 즐거운 시간을 보내도록 한다. 그리고 일본의 어느 곳을 가더라도 언제나 깨끗한 모습을 볼 수 있지만, 특히 신사에 가면 신사를 깨끗하게 청소

하고 있는 모습을 자주 볼 수 있을 것이다. 그래서 항상 신사 주변은 깨끗하고 한 점의 티끌도 없다. 또한, 가능한 한 맛있는 음식을 많이 바치고 음악과 무용 등의 즐거운 여흥도 잊지 않는다. 그것이 신대의 스타일이고 옛날의 도리였던 것이나, 요즈음은 자신의 마음가짐이 이러니저러니 하는 이유 등으로 중요한 음식물이나 여흥에는 신경을 많이 쓰지 않는 경향이 있다고 한다.

일본의 신사는 간단히 생각하면 신을 받들어 제사 지내는 사당이다. 신사에 가는 것은 종교 이상의 국민 신앙이라고 볼 수 있다. 신사별로 그 지역과 신사와 관련 있다고 하는 신들을 별도로 정해서 모시고 참배한다. 규모 등에 따라 신사를 부르는 이름이 다르고, 제신은 어떻게 정해서 제사 지내는지, 신사에 가면 눈에 많이 띄는 도리이(鳥居), 고마이누(狛犬)는 무슨 의미가 있는지, 신불습합(神仏習合)과 신불분리(神仏分離)라는 의미는 어떤 역사적 경과를 거쳤는지 등 신사에 대한 기본적인 내용을 알고 규슈를 여행하면 좀 더 깊이 있는 여행이 될 것이다.

신사의 이름에는 신사만 있는 것이 아니라 신사(神社), 신궁(神宮)과 대사(大社) 등의 이름이 붙어 구분이 된다.

일반적으로는 신사(神社)라고 부르지만, 신궁(神宮), 대사(大社)라는 이름이 붙은 신사도 있다. 신궁(神宮)은 일본 천황, 황실과 깊은 관계가 있는 신을 제사 지내는 비교적 규모가 큰 신사에 붙인다. 본서에서는 기리시마신궁, 미야자키신궁, 가고시마신궁, 우도신궁 등을 방문한다. 대사(大社)는 문자 그대로 큰 신사를 의미하지만 단지 규모가 큰 신사뿐만 아니라 국가에서 관리하는 격이 높은 신사를 말한다. 본서에서는 무나가타대사 등을 방문한다.

신사에서 제일 중요한 것은 그 신사가 모시는 제신(祭神)이 무엇인가에 따라 그 신사의 의미와 인식 등이 달라지는 것을 알 수 있다.

신사의 입구에 있는 도리이의 모습- 미야자키신궁

제신은 그 신사에서 모시는 신으로서 하나의 신사에서는 복수의 신을 제사 지내는 것이 보통이다. 현재 많은 신사가 주로 고대신화에 등장하는 유명한 신을 주 제신으로 하고 있으나, 유명한 사람, 산과 같은 자연 그리고 인공물 등을 주 제신으로 모시고 있는 신사도 있다.

우리가 잘 아는 도요토미 히데요시, 도쿠카와 이에야스, 가토 기요마사 등 일본의 장수들, 본 책에서도 방문하는 다자이후텐만구의 제신으로 학문의 신인 스가와라노미치자네, 그리고 도래인들을 모시는 신사 등 유명한 사람들을 제신으로 모시는 신사도 많다.

자연물의 어신체(제신)로서 잘 알려진 것은 신이 머무르는 특별한 산이라고 하는 신체산(神體山)이 좋은 사례이다. 나라(奈良)의 오오미와(大神)신사에는 신체산인 미와산(美輪山)을 제신으로 모신다. 와카야마산(和歌山)의 구마노나치대사(熊野那智大社)는 큰 폭포를 어신체(御神體)로 하고 있다. 또, 이 책에서 방문하는 다마야마(玉山)신사는 자연의 거석을 그 상태 그대로 어신체로 하는 경우를 볼 수 있다.

인공물의 어신체에는 일본 건국 신화의 3종 신기에서 보이는 거울, 검, 옥이 대표적이다. 그 밖에도 제신으로 옛날부터 전해져 오고 있는 물품도 있고 불교의 영향으로 신상도 만들어 숭배하는 경우도 있으며 눈에 잘 보이지 않은 것도 많다.

일본의 근세 이후에 신의 이름이 바뀐 경우도 볼 수 있다. 본서에서 방문하는 신사의 주 제신도 현재에는 다른 이름으로 숭배되고 있는데 근세 이전의 과거에는 고대 한국과 관련된 이름의 신을 갖고 있었다고 하는 등의 내용도 알 수 있다.

신사에는 주 제신을 제사하는 본사 이외에 경내 또는 경외에 조그마한 신사로 제사 지내는 곳이 있다.

보통 그 신사의 주 제신과 깊은 관계를 갖고 있던지 특별한 유서가 있는 경우에 섭사(攝社)라고 한다. 그것 이외에 본사에서 관리하고 있는 신사를 말사(末社)라고 한다. 말사보다 섭사가 격이 높고 제사에서도 경중이 다르다. 규모가 큰 신사에는 섭사와 말사가 많다. 본서에서 방문하는 다자이후텐만구(太宰府天滿宮)에는 30여 개의 섭사와 말사가 있다.

우리나라의 능묘나 사당 등에 들어갈 때 초입에 세워져 있는 홍살문과 고대의 신성한 지역인 소도로 들어가는 입구에 있었다는 솟대 등과 같이 일본의 신사에도 도리이(鳥居)라는 것이 있다.

신사에 가면 가장 먼저 보이는 것으로, 도리이가 보이면 이곳에 신사가 있구나 하고 생각할 수 있다. 경내로의 출입구로 건립된 것이며 규모가 큰 신사의 경우는 참배로에 도리이가 여러 개 있기도 하다. 신의 영역과 세속의 땅을 구분하는 경계의 표시로 한자로 추정한 본래의 뜻은 '신이 사용하는 새들이 머무는 곳'으로 볼 수 있었으나 확실하지는 않다.

광화문 앞에 상상 속의 동물인 해태상이 그 건물을 지키고 있는 것과 같이 신사 경내에 고마이누(狛犬)라는 험상궂은 개나 사자 등의 상상력이 가미된 동물이 있는 것을 볼 수 있다.

이들은 신사 경내의 배전(拜殿: 참배하는 건물)과 본전(本殿: 신이 있는 가장 중요한 건물) 등의 곳곳에 위치하면서 경내를 수호하고 악령을 제거하는 석재 조각상이다. 고마이누(狛犬)라는 말의 유래에 대하여는 여러 설이 있지만 고마(狛)는 보통 고구려를 읽는 일본어이고, 고마이누(狛犬)는 '고구려 개'로 많이 알려져 있어 한반도에서 유래했다는 것이 설득력이 있는 편이다. 지금은 모습이 다양하지만, 옛날 조각상들은 우리나라의 천연기념물인 삽살개의 모습이 변해 온 것 아닌가 할 정도로 비슷한 느낌이 있다.

이 외에도 신사에 있는 주요한 건축물들의 의미를 찾아보고자 한다. 참배로를 지나 본전으로 들어가기 전에 있는 것으로 데미즈야(手水舍)라는 곳은 손을 씻고 입을 헹구는 곳으로 몸을 청결히 하는 시설이다. 이곳은 신의 영역을 흐르는 개울이나 샘과 같이 동일시 되는 곳이다. 이곳의 물이 깨끗해 보여 이곳의 용도를 잘 모르는 경우에 우리나라의 약수터 같은 느낌을 받아서 물을 마시는 경우도 종종 일어나는 곳이기도 하다.

신전으로 들어가는 문은 1층의 간소한 모습이기도 하고 화려한 2층 누문까지 다양한 형태이나, 건축적으로는 절의 문과 아주 똑같다.

문 안에 인왕상이 있으면 절의 문이고, 무장한 수호신이 있으면 신사의 문으로 보면 된다. 회랑은 문과 연결되어 있는 불교의 영향을 받은 시설물로 신불습합 시대에는 스님들이 독경을 하거나, 참배자들이 참배하기 위해 머무르는 장소였다.

배전은 배례를 위한 시설이고 신사의 여러 일들이 이루어지는 곳이다. 조그마한 신사에는 배전이 없고 본전을 바로 배례하는 곳도 많으나 외 배전, 내 배전으로 이중으로 되어 있는 곳도 있다. 어느 정도 규모 이상의 신사에서는 일반 참배자는 배전의 바깥쪽에서 배례하는 경우가 많다. 본전은 신이 진좌하는 가장 중요한 건물이다. 그러나 배전의 뒤쪽에 있고 여러 개의 담이나 병풍으로 가려져 있어서 그 존재를 인식하고 있지 않은 참배자도 있다.

신사에는 그 제신과 가장 가까이 있는 신사(神使)라는 동물이 있다. 신사마다 관련 있는 동물들을 의미 부여하여 신과 인간과의 사절 역할을 한다고 생각하는 것이다.

특히 이나리(稲荷)신사에는 여우상이 많이 보인다. 이나리신사는 일본 전국에 3만 개 정도가 있을 정도로 많고 이 신사는 풍작, 사업 번창, 가족 안녕, 소원 성취 등 국민들의 일상생활과 밀접한 관계가 있는 것들을 도와주는 신을 모시는 곳으로 알려져 일본 국민이 많이 참배하는 곳이라서 마치 일본의 모든 신사에는 여우상이 있는 곳이라고 착각하는 경우도 있다.

본서에서 방문하는 다자이후텐만구(太宰府天満宮)에는 소가 신의 사자 역할을 한다고 하여 신사 내의 여러 곳에 만들어져 있고 소뿔을 만지면 소원 성취한다 하여 많은 사람들이 줄을 서서 뿔을 만지고 있는 모습을 볼 수 있다. 가스카(春日)대사에서는 사슴을 신사 주변에

풀어 친근하게 하고 있는 것도 볼 수 있다. 또 미야자키의 우도신궁에서는 신의 사자가 토끼라고 하면서 인연을 알리고 있다. 이유도 간단하여 우사기(토끼)와 우도신궁의 제신 이름의 앞글자가 같다는 것으로 인연이 깊은 동물로 생각하고 있는 경우도 있다.

그리고 일본에 많은 신사와 절의 관계와 변화과정에 관련해 조금이나마 같이 알면 좋은 내용으로 신불습합(神仏習合)과 신불분리(神仏分離)라는 개념이 있다.

일본을 여행하다 보면 신사와 절이 같은 곳이나 바로 옆에 있는 것을 볼 수 있다. 신불습합(神仏習合)은 6세기 중순경에 일본에 불교가 전해진 후에 원래의 신들과 불교와의 관계가 무관하지 않고 관계가 있다는 사상이 생겼다.

『일본서기』에 킨메이천황 때 백제의 성왕이 보내준 금동불을 두고 신하들 사이에 외국에서 온 신을 모시면 국신이 격노하여 공포가 있을 것이라는 반응이 있었다고 전한다. 역시 전래 초기에 불교는 외국의 신으로서 일본의 신들과는 동류가 되지 않는다는 것이었다. 그러나 일본에 불교가 본격적으로 확대되면서 신사의 옆에 신궁사(神宮寺)가 건립되어 반대로 신을 위해서 독경으로 공양을 하고 사원을 보호하는 신을 제사 지내는 것이 성행하면서 신들이 불법의 수호자가 되기도 하였다.

헤이안 시대가 되면서 신과 불교의 관계는 한층 더 진보한다. 불교 우위의 신불습합 사상은 중세를 거쳐서도 크게 변함없이 진행되어 왔다. 그러나 근세에 들어오면서 본질적으로 현세 부정 사상이 있는 불교에 대하여 유학자들의 공격이 격화되었다. 또 고전 연구를 하던 국학자들도 옛날부터 전해오는 일본 문화를 희구하면서 외래 종교인 불교를 배척한다. 그래서 에도시대에는 신불 분리를 추진한다. 하나의 경내에 불당과 신전이 혼재하고 있던 신불습합의 풍경은 일반 대중에게는 일상의 모습이었지만, 지식층에서 불교비판을 하면서 메이지 정부의 신불 정책에 의해 신사는 신사, 절은 절이라는 모습으로 바뀌는 것이다.

앞의 내용을 정리하면 첫 단계로서 신은 상위의 존재이고 부처에 귀의를 원하는 것으로서 신사에 사원이 건립된다. 또한 신은 부처를 수호하는 수법선신의 위치에 있다. 다음 단계로서 부처를 신의 본체로 하는 것이다. 신불의 습합은 더욱더 깊은 수준이 된다. 그러나, 불교가 전래된 이후 신도와 불교의 관계는 주로 불교 측이 신도 측을 지배하는 형태로 습합이 진행되었다.

에도시대 중기가 되면서 일본 고전의 문헌학적인 연구를 중심으로 하는 국학이 일어난다. 습합이 없는 본래의 신도의 모습을 연구하고 추구하게 된다. 국학은 메이지 시대의 이상적인 추진력이 되고 왕정복고를 하면서 메이지 정부는 신도와 불교를 분리하는 신불분리(神佛分離) 정책을 쓴다. 그것은 신불을 분리하는 것이 목적이었으나, 지방에서는 폐불훼석으로 과격하게 불교 문화재가 훼손되는 수난을 겪고, 고대부터 내려오던 신사의 이름, 제신 등이 변질되는 과정 등을 통해 현재의 신사와 절의 형태가 나타나는 것을 알 수 있다.

2장

고대 일본 규슈로
가는 길에서 찾은 곳

1.
고양시 가와지 볍씨 유적,
규슈 이타쯔게板付유적,
나바타게菜畑유적

오랜 기간에 걸쳐 교류가 지속된 한국과 일본에는 비슷한 점이 많이 남아 있지만 그중에서 쌀을 주식으로 하는 문화는 다른 어떤 나라들보다도 공통되는 사항이다. 지금도 일본을 방문하는 한국인들이 가장 만족하는 부분은 음식이 한국인의 입맛에 잘 맞고, 특히, 한국에서 먹는 백반을 주식으로 하면서 다른 음식을 곁들여 먹는 식사 방법이 비슷한 것이다. 이런 면에서 한국과 일본이 동일한 생활 문화를 가진다고 추정하는 근거가 된다고도 생각해 볼 수 있다.

한반도와 일본 열도의 역사를 탐사하면서 한반도의 남쪽과 가장 가까운 거리에 있는 일본 규슈의 벼농사 유적을 직접 현장을 방문해 시대적으로나 사회문화적으로 가장 이른 시기에 양국의 유사점을 찾아볼 수 있었다.

일본 열도에서 긴 세월 동안 남겨진 역사, 시공간을 뛰어넘어 남아 있는 수많은 이야기들을 역사 속에서 되살리기 전에 한반도에서 관련 유적을 먼저 찾아보고 서로 간의 관계를 알 수 있었다.

일본 규슈를 방문하기 전에 한반도의 선사 유적지 중 고양시 일산의 가와지 마을을 신도시 개발 시 발견된 볍씨를 먼저 살펴보기 위해 방문하였다.

한국은 선사시대가 구석기, 신석기, 청동기, 철기시대 등으로 나누지만, 일본의 선사시대는 조몬(繩文) 시대와 야요이(弥生) 시대로 구분한다. 새끼줄 무늬의 토기들을 사용하면서 채집과 수렵을 하던 조몬시대에서 석기, 청동기, 철기를 사용하여 벼농사 기술이 활용된 야요이 시대가 되면서 일본에서는 새로운 문화의 단계로 넘어가는 큰 변화가 시작된다.

일본에 벼농사 기술이 전파되는 경로는 여러 개가 있겠지만, 한반도를 통해서도 벼농사 기술과 함께 새로운 문화가 일본에 전파되어서 한국, 일본 간에 동질적인 많은 문화가 함께 남아있는 것을 일본 각지에서 찾아볼 수 있다.

벼농사에서 경작되는 쌀은 크게 두 가지 종류로 나누는데, 길이가 긴 인도형으로, 인디카라고 하는 쌀은 주로 동남아에서 많이 생산된다. 끈기가 부족하여 볶아서 먹는 형태로 많이 요리한다. 반면 길이가 짧은 자포니카는 한국과 일본 등에서 찰진 밥의 형태로 먹으면서 고대 유적에서도 지역별로 현재와 같은 벼의 종류가 그대로 발견되고 있다. 쌀 한 가지만 보더라도 선사시대부터 현재까지의 한일 간의 동질감은 아주 오래되었음을 알 수 있다.

우리나라에서 가장 오래된 볍씨는 김포군 가현리에서 발견된 볍씨로 4천여 년 전의 것으로 알려져 있으나, 국제적으로 인정되고 있는 것은 여주군 흔암리 탄화미로 3천여 년 전 한반도의 벼농사의 기원으로 인정받고 있었다. 그러나 고양 일산신도시 개발이 발표되면서 1991년 5월에 시행된 대단위 단지 조성 이전 사전조사 중 일산의 가와지 마을 유적 발굴 조사에서 5천여 년 전의 가와지 볍씨가 기적적으로 발굴되면서 우리 역사에 새로운 획을 긋는 사건이 되었다.

가와지 볍씨가 발견되기 전 일본의 볍씨는 3천5백 년 전 남방의 해상 경로를 통해 전해졌다는 주장이 정설로 받아들여졌으나, 연대가 훨씬 앞선 가와지 볍씨의 발굴로 한반도를 통해서 일본에 전파되었다는 근거가 마련이 되었다.

가와지 볍씨 유적에 대한 설명은 고양시 여러 곳에서 볼 수 있다. 가와지 볍씨 발굴지역인 일산 대화동의 성저공원, 일산호수공원 여기저기의 가와지 볍씨 안내문들 그리고 가와지 볍씨 박물관에서 찾아볼 수 있다.

가와지 볍씨 발굴지는 현재 고양시 일산의 3호선 전철 대화역에서 도보로 15분 정도 거리에 있는 성저 공원 근처의 가와지 어린이공원에 발굴지 표식만 해놓아 쉽게 알기는 어렵게 되어 있다. 뒤에 설명하겠지만, 규슈의 벼 발견 유적지인 이타쯔게(板付)유적, 나바타케(菜畑)유적은 발견 현장을 잘 보존하여 옛날 모습으로 남아있는 것을 볼 수 있었으나, 우리는 발굴 현장이 없어지고 위치조차도 너무 찾기 어려운 수준이어서 아쉬움이 남았다.

고양시에는 여기저기 가와지 볍씨에 대한 안내가 많이 보이지만, 많은 사람들이 수시로 찾는 일산 호수공원에는 메타스퀘어 둘레길 속 고양 역사 600년 안내 내용 안에 포함되어 있다. 그래서 저자도 이곳을 자주 산책하면서 가와지 볍씨와 규슈의 벼농사를 연관해 생각해보는 계기가 되기도 하였다. 또한, 3호선 전철 정발산역에서 내려 일산호수공원으로 진입하면 국기공원 초입에 가와지 볍씨 발굴에 대한 안내표식이 있어 일산 호수공원을 방문하는 사람들은 쉽게 기원전 5

천 년 전의 의미 있는 역사 내용을 확인할 수 있다.

가와지 볍씨 박물관은 3호선 전철 원흥역에서 걸어서 5분 정도 거리에 고양시 농업기술센터 옆에 있다. 박물관 앞의 공간에는 조선시대 농경에 활용되었던 강우량을 측정하던 측우기, 해시계, 천체의 위치를 측정하는 혼천의, 24절기를 알 수 있는 규표 등이 전시되고 있었으며, 박물관 옆으로는 주변을 둘러서 신석기 시대 촌락과 벼 재배 모습을 볼 수 있게 전시해 놓았다. 박물관 입구에는 커다란 가와지 볍씨의 모형을 만들어 전시하고 있었다.

고양시에 있는 가와지 볍씨 박물관과 그 옆의 고대 주거지 모습

박물관에는 우리나라의 농경 생활에 대하여 유물 전시와 판넬 등으로 잘 안내하고 있었다. 가와지 볍씨 발굴 조사와 성과에 대해서는 가와지 볍씨 발굴 현장을 재현해 놓는 등 보다 상세한 전시를 하고 있으며 발굴된 5천 년 전의 볍씨도 전시하고 있어서 돋보기를 통해 좀 더 큰 모습을 확인할 수 있었다. 발굴 당시 작성된 일본 마이니치(毎日)신문의 벼농사의 일본 전래에 대한 더 많은 연구가 필요하다

는 기사 등의 내용도 볼 수 있다.

가와지 마을의 볍씨는 5천여 년 전의 것으로 자연 볍씨가 아닌 인공적으로 키운 재배 볍씨임이 밝혀져 우리나라에서 신석기 시대의 농경 기원을 처음으로 증명한 소중한 자료이다. 그전까지는 벼농사가 청동기시대부터 시작되었다고 알려져 왔으나, 가와지 볍씨가 발굴되면서 신석기 시대로 올라가게 되었다. 볍씨 하나에 담긴 5천 년의 역사가 고양시에서 출발하였다고 하는 것을 알 수 있다.

후쿠오카에 있는 이타쯔게유적지

일본의 규슈 후쿠오카 공항 근처에 있는 이타쯔게(板付)유적지는 예전부터 조몬 시대의 논, 가장 오래된 논이라 불리는 논이 발견되어 화제가 된 곳이다. 이타쯔게(板付)유적지는 일본에서 가장 오래된 벼농사 취락지 중의 한 곳으로 높은 기술 수준의 벼농사 문화가 약 2,300년 전에 한반도 및 중국 대륙으로부터 전해졌다고 하는 곳이며, 이곳의 환호 집락은 야요이 시대 전기의 것이었다고 한다.

현재는 2중 환호로 둘러싸인 취락과 그 주위에 펼쳐진 논 터로 형성되어 있고 환호 내측에 주거지가 존재한다는 것을 확인하고 수혈식 주거지를 복원하여 전시하고 있었다. 이런 주거 형태는 한국의 충청남도 송국리 유적에서 발견되었던 것과 같은 모습이어서 일본에서는 '송국리형 주거'라고 불리고 있다. 그 인근에 전시관도 있어서 당시의 생활상을 확인할 수 있고 체험도 하게 되어 있다. 이곳은 강가가 아닌 지역이라 벼농사를 하기 위해 수로도 만들어 이용한 흔적을 모형으로 만들어 보여주고 있다.

가라쯔(唐津) 시에 있는 나바타케 유적지와 말로관

나바타케(菜畑)유적지는 규슈의 북부 가라쯔(唐津) 지역에 있는 유적으로 일본 벼농사 발상의 땅으로 알려져 있다. 이 지역에 대단위 단지를 조성하기 이전인 1979년 12월에 사전조사를 했을 때 약 2,600년 전의 탄화미가 발견되었고 현재 일본에서 먹는 쌀의 재배종이 발견되어 큰 의미가 있는 유적지이다. 인근에 일본에서 가장 오래된 벼농사 현장의 모습을 복원해 놓고 있으며 그 당시의 주거 모습과 숲 등도 복원해 놔서 시민들의 역사 학습의 장소로 만들어 놨다.

옆에 있는 마쯔로간(末盧館)은 가라쯔 지역의 말로국 유적들을 소개하는 내용이 전시되어 있어서 고대 한일의 동일한 지명과 문화를 볼 수 있는 곳이다. 특히 벼농사는 중국 산둥 반도와 한반도 북쪽을 통해 일본에 전래되었음을 상세히 보여주고 있다.

우리나라의 가와지 볍씨 유적에 대한 내용뿐만 아니라 한일 교류에 관련된 더 많은 내용이 일본의 관련 전시관에도 잘 전파되어 일본인들에게도 알려졌으면 좋겠다는 생각이 들었다.

2.
한국의 가야산,
일본의 가야 산可也山

　고구려, 신라, 백제가 붙은 지역 명칭은 우리나라에서와 같이 일본 각지에, 특히 규슈 여기저기서 많이 보이고 있다. 이 책에서도 신라산, 신라 벌판, 백제식 산성, 백제 마을, 고려교, 고려 마을 등을 방문하면서 내력도 살펴본다. 그리고 한국에서 가야산, 가야천, 가야금, 가야대, 가야면, 가야읍 등과 같이 가야가 붙은 지명의 경우, 마찬가지로 일본 규슈에도 가야산, 가라구니타케, 가랏파 등 많은 곳에 남아 있는 것을 볼 수 있다.

　가야(伽倻)는 중국의 사서 『삼국지』에는 구야(拘邪)라는 이름으로, 『삼국유사』에는 가락(駕洛)국이라는 이름으로, 『일본서기』에는 가야(伽倻), 가라(加良), 임나(任那) 등의 이름으로 나오는 것을 볼 수 있다.

　현재에도 일본의 여러 지역에서 한국 고대의 국가명, 지역명, 성명 등이 그대로, 또는 추론할 수 있는 내용으로 많이 남아 있는 것을 우리는 잘 알고 있다. 그중에 한국에도 남아 있고, 일본에도 동시에 가야, 가라가 붙은 산 명칭으로 남아 있는 곳을 찾아가 본다.

　고양시의 가라산에서 시작하여 서해안의 충청도 당진과 가야산, 남해안의 전라남도 나주의 가야산, 광양의 가야산, 합천 해인사가 있는 가야산 그리고 대한 해협을 건너 규슈의 북부지역에 가라쯔(唐津)와 인근의 가야 산(可也山)의 명칭이 남아있는 것을 볼 수 있다. 고양시에 서부터 서해, 남해, 일본 북부 규슈로 이어지는 벨트에 무슨 일이 있었던 것일까? 고대 가야족의 이동 루트인지, 점령 지역인지 궁금증을 갖게 된다.

고양시 행신동의 가라뫼는 고양시가 개발되기 전에는 고양군을 상징하는 지역으로 서울에서 고양으로 들어가는 위치에 나지막한 산이 있던 지역이었다. 현재는 신도시 개발로 아파트 단지에 둘러싸여 잘 보이지 않지만, 그 명칭은 그대로 남아있다. 산 주변에 가라뫼 마을도 아직 남아있다.

고양시 행신동의 가라산에 있는 안내판

현재 가라뫼는 가라(加羅)산 공원으로 조성되어 주민들이 운동 시설을 이용하고 산책하는 등 도심 속 여유 공간으로 남아 있다. 가라산 공원이 자리하고 있는 가라산 입구에서 조금 올라가면 행신동과 가라에서 한자씩을 딴 행라정이 있고, 산 정상에는 제사를 지내는 산 신제라는 제단도 남아 있다. 안내판에는 행신동의 유래가 설명되어 있는데 '… 행신(幸信)이란 이름은 청주 한(韓) 씨 자손들이 이 자리에 묫자리를 쓰면서 정착하기 시작했으며 그 후손들이 이곳에 머물러 사는 것을 다행이라 여기고 서로 믿으면서 살라는 뜻으로 행신이라 는….' 일본에서는 한국(韓國)의 한(韓)자를 '가라'라고 읽는다. 이를 통해 가라산과 한(韓) 씨와 관계가 있는 것은 아닐까 생각해 본다.

최근에도 고양시 행신동 근처 도내동 인근에 큰 도로를 건설하다가 7만 년 전의 구석기 시대 유적지를 발굴하였다. 이곳에서 돌토기, 주먹토기 등을 비롯해 사냥용 도구인 슴베찌르개 등 8천여 점의 유물이 출토되어 보존을 위한 노력을 하고 있는 것으로 알려져 있다. 고양시 지역은 앞에서 설명한 가와지 유적지에서 구석기 시대 석기 500여 점, 덕이동 유적지에서 석기 250여 점, 탄현동 유적지에서 500여 점의 석기가 발견되는 등 고대 우리 역사에 숨겨진 실마리를 제공할 수 있는 주요 유적지임은 틀림없다.

충청남도 예산군의 가야(伽倻)산에는 현재 동쪽에 고찰인 가야사 터가 있다. 가야사의 창건 연도는 알 수 없지만, 인근의 어떤 절보다 큰 절이었다고 전해지고 있다. 절터는 예로부터 유명한 명당으로 알려져 흥선대원군이 절을 불사르고 자신의 부친인 남연군 묘를 써서 지금도 이곳은 가야사 터와 남연군 묘가 남아있다.

역사 유적지 어디를 가 보아도 수많은 이야기가 남아 있지만, 그중에서도 이곳은 참 아쉬움이 많이 남는 이야기가 전해 오는 곳이라는 생각이 든다. 조선 말, 흥선대원군은 주변의 백여 개 사찰 중에서 가장 큰 사찰이었던 가야사(伽倻寺)가 있는 지역이 명당임을 알고 불을 질러 이곳을 부친의 묘를 이장하려고 했다. 그 이유가 몰락하고 있던 자신의 가문에서 왕이 나오게 하기 위함이었고 여러 가지 반대를 무시하고 결국 부친의 묘를 이장하였다. 그 후에 고종과 순종 2대에 걸쳐 황제를 배출하였으나 바로 조선 오백 년의 역사가 사라지게 되는 결과를 보게 된다. 또한, 그렇게 공을 들여 이장한 남연군 묘는 독일인 오페르트에게 도굴될 뻔한 상황도 발생하는 등 곡절이 많은 이야기가 남아 있지만, 다른 무엇보다도 명당에 있었고 가야산과 함께 역사적 실체로 남아있었던 가야사가 흔적만 남기고 불타 없어져 버린 것이 아쉬움으로 남는다. 이곳은 실제 가서 보면 가야산이 병풍같이 둘러 쌓고 있는 명당인 것을 바로 알 수 있을 정도로 눈에 띄는 곳이다.

충남 예산의 가야사지와 남연군묘에서 바라본 가야산

산을 넘어가면 당나라로 향하는 포구라는 당진(唐津)이 있는데, 당진 가는 길에 서산 마애석불도 있고 인근의 태안에도 마애석불이 있는 것이 중국과 가장 가까운 항구인 당진으로 가는 길에 세워진 불상이 오랜 기간 이 지역의 주민들에게 불교 신앙의 의지처가 되어 왔던 것 같다.

충청도의 당진(唐津)과 가야산과 같은 지명이 일본 규슈 북부에도 그대로 있다. 양쪽의 당진은 당나라를 향하는 항구라는 의미인데 한자 한(韓)은 일본어로 당(唐)자와 같이 '가라'로 읽혀 예전에는 가라쯔(韓津)로 써서 가야로 향하는 항구라는 뜻이 아니었을까 생각해 볼 수도 있고, 충청남도와 같이 그 인근에 똑같이 가야산이 있는 것도 고대사의 가야와 관련해 뭔가 의미 있는 지역이 아닐까 생각해 본다.

전라남도 나주에 있는 가야(伽倻)산은 나주시 영산강 변의 고분 군이 많이 모여있는 곳에 있는 189㎡의 나지막한 산이다. 바로 인근에 있는 복암리 고분군에서는 옹관묘, 횡혈식석실묘 등에서 금동신발, 은제관식, 큰 칼, 금귀고리 등 많은 유물이 출토된 곳이다. 이 고분군의 출토품을 보면 3세기에서 7세기까지 400여 년간 동일한 문화적 전통을 지닌 집단이 있었던 것으로 추정되고 있다. 이 주변에는 복암리 고분전시관도 있어 복암리 고분을 실물 크기로 재현해 놓았고, 고분군에서 출토된 유물들을 상세하게 전시, 안내하고 있다. 이 책의 뒤에서 언급하는 『삼국지』「위서 동이전 왜인조」에 나오는 규슈 북부 왜나라의 여러 유적지에서 나온 옹관과 여러 출토된 부장품들이 아주 유사하고 동일 문화권으로 인식될 정도로 가야와 일본과 교류 관계를 확인할 수 있는 중요한 지역에 가야라는 이름이 붙은 산이 남아있는 것을 보면 흥미를 더 갖게 된다.

또한, 이 지역은 뒤에도 직접 방문하여 그 주변을 살펴본 규슈 미야자키 시 인근의 대규모 고분지인 사이토바루 고분군 지역과 긴밀한 관계가 있어 더 많은 연구가 필요한 지역으로 보인다. 『신증동국여지승람』에는 가요산으로 기록되어 있던 것을 여러 가지 역사적 상황을 참조하여 현재의 가야산으로 불렀다고 한다.

전라남도 광양에도 가야(伽倻)산이라고 불리는 작은 산이 있다. 가야 6국과 관계없는 지역에 가야산이라는 이름의 산이 남아있는 것이 이상하게 보일지 모른다. 그러나, 금관가야가 번성하던 400년 무렵 고구려 광개토왕과 신라의 공격으로 쇠퇴하기 시작하면서 많은 주민이 대가야로 이동하고, 그 후 대가야의 성장으로 전라남도 순천, 광양까지 영역을 확대하면서 가야의 역사 속에 남아있는 산이 된 것이다.

합천의 해인사가 있는 가야(伽倻)산의 명칭은 가야산이 있는 합천, 고령지방이 대가야국의 지역이고, 가야국 기원에 관한 전설도 있는 역사적인 산이라 옛날부터 대가야와 연관되어 전해지고 있다. 앞에서 일본의 신화와 관련해서 언급했듯이 『신증동국여지승람』에 가야산신 정견모주는 천신 이비가(夷毗訶)에 감응되어 대가야 왕 뇌질주일(惱窒朱日)과 금관국의 왕 뇌질청예(惱窒靑裔)를 낳았는데, 뇌질주일은 대가야의 이진아시(伊珍阿豉)왕, 뇌질청예는 금관국 시조 수로왕의 별칭이라 하였고, 김수로왕의 건국 전설에도 가야의 북동 경계가 가야산이라는 기록도 있다. 가야산은 가야연맹과 깊은 관계를 갖고 성스럽게 생각되어 오던 산이었다. 또 이 산의 정상은 소의 머리처럼 생겼다고 하여 우두봉이라 부르기도 하는데 앞으로 방문하는 일본 규슈에 우두봉의 이름이 나오는 것을 볼 수 있다.

일본 북부 규슈의 가라쯔(唐津) 인근의 가야 산(可也山)은 JR쓰쿠시(筑紫)선 마에바라(前原) 역에서 내려서 갈 수 있다. 365m의 높지 않은 산이나 이 지역에서는 산의 앞쪽이 한반도를 바라보는 현해탄이고,

산의 뒤쪽은 넓은 평야 지역이며 주변에 높은 지대가 없어서 윤곽이 잘 보인다. 주변이 바닷가이고 산의 형태가 후지(富士) 산과 비슷하여 쓰쿠시(筑紫) 후지, 이토시마(糸島) 후지라고 불리기도 한다. 앞에서 언급한 나주의 가야산도 일제 강점기에 일본인들이 영산포의 후지 산이라고 불렀다는 이야기가 있는데 이름뿐만 아니라 산의 모습도 비슷한 모양이니 참 흥미로웠다.

정상의 서쪽에는 전망대가 있고 한국과 일본 사이에서 오랫동안 역사를 지켜보고 있는 현해탄이 보인다. 정상에는 가야(可也)신사가 있는데 진무천황과 우가노미타마노미코토(倉稲魂命), 고노하나사쿠야히메(木花開耶姫命)를 제신으로 하고 있다. 모두 천손강림과 히무카(日向) 3대와 관련된 신, 그리고 야마토 정벌 후 초대 천황을 제신으로 모시고 있는 것이다. 일본 역사서에 기록된 일본 천손강림 신화과 히무카(日向) 3대 신화에 연관된 지역으로는 현재는 주로 가고시마와 미야자키가 알려져 있는데, 이 가야(可也)신사가 있는 곳은 그 연관성이 없는 것 같이 알려지고 있으나 의외로 이 신사의 제신이 모두 위의 기록에 연관된 신들로 이루어진 것은 그 연관성을 다시 한번 생각해 볼 수 있는 여지가 있는 것이다. 안내판에는 이 산의 이름은 한반도의 가야(伽倻) 지방에서 유래한다는 설이 있다고 안내하고 있다.

가야 산(可也山)은 고대 한국어와 일본어로 지어진 시가들을 모아놓은 일본 고대 시가집 『만요슈(万葉集)』에도 나오는 지명이다. 다음의 시는 신라로 가는 견신라사(遣新羅使)들의 마음을 표현했다고 한다.

'草沈旅を苦しみ戀ひ居れば可也の山辺に…'

규슈 북부 가라쯔 시 인근의 가야 산

풀을 베게 삼는 여행을 힘든 사랑이 있으면 가야 산 옆에서…

또 일본의 초대 천황인 진무천황이 규슈의 미야자키를 떠나 오사카의 야마토로 동정을 할 때 국가를 보기 위해(國見) 이 산에 올랐다는 전설이 남아있는 곳이기도 하다.

그리고 가야 산(可也山) 서쪽에 신마치(新町) 지석묘군이 있다. 이곳은 57기의 야요이 시대 지석묘역으로 밝혀졌는데 이곳에서 일본에서는 그동안 나타나지 않은 형태의 인골이 출토되어 많은 주목을 받은 곳이다. 출토된 인골은 키가 작은 조몬 시대인의 특징을 갖고 한반도계의 마제석기에 찔려 죽은 상태로 매장된 남성으로 야요이 시기 초기부터 전투가 있었음을 보이고 있다. 발굴된 인골은 일본에서 가장 오래된 전사자로 알려져 있으며, 이런 발굴로부터 야요이 문화는 도래인의 문화라는 이미지를 벗어나 도래계의 선진 문화와 조몬 시대의 일본적 요소가 융합해 성립된 것으로 보고 있다.

그리고 이곳의 지석묘는 '기반형'이라는 형태로 한반도 전라남도 화순 지역 등에 직접적인 기원을 찾을 수 있다. 이곳에서 한반도계 유물들과 함께 발견되고 있어 일본 야요이 문화가 한반도에서 건너간 사람들에 의해서 형성되었음을 알 수 있다. 또한 서북부 규슈의 벼농사 시작 지역에 주로 분포하고 있는 것을 볼 수 있다.

그리고 인근의 미도코마쯔바라(御床松原)유적은 야요이, 고분 시대의 집락 유적인데 이곳에서 야요이 토기와 함께 중국 신나라의 화폐인 화천(貨泉)이 발견되었는데 이 화폐는 한반도에서도 전라남도 광주, 나주 영산강 유역, 제주도 등에서도 발견되어 현해탄 연안의 지역들이 활발한 교역이 이루어지고 있었던 것을 볼 수 있다.

위에서 살펴보았듯이 서울 서쪽 고양시의 가라산에서 서해안으로 내려가 당진과 인근의 가야산, 남해안 전라남도 나주의 가야산, 광양의 가야산, 합천 해인사가 있는 가야산, 그리고 바다를 건너 일본 규슈 북부의 당진과 가야산의 이름이 생생하게 남아 있고, 경상남북도에는 가야와 관련 있는 고분군, 유적지들이 즐비하게 남아있는데도 우리 역사에는 가야에 대한 기록이 많이 남아있지 않다. 많지 않은 가야의 기록들을 더 많이 유추해 볼 수 있는 곳이 일본 규슈인 것을 이 책에서 방문하는 장소를 통해 알 수 있을 것이다.

일본 북부 규슈의 가라쯔(唐津)는 현해탄을 바라보면서 한국 남부 지방으로 향하는 항구 도시이다. 가라쯔(唐津) 앞에 있는 가카라시마(加唐島)는 백제 개로왕 시기에 백제에서 일본으로 가던 배가 이 섬에 정박하면서 무령왕이 태어난 곳으로 인근에 무령왕과 관련된 유적지가 많이 남아있다. 뒤에서 별도로 기술하려고 한다.

3.
『삼국지』「위서 동이전 왜인조」
기록을 따라서
- 말로국末盧國

왜(倭)를 기록하고 있는 중국 역사서는 여러 가지가 있으나 『삼국지』「위서 동이전」, 『후한서』「동이전」, 『한서 지리지』 등이 대표적이다. 이런 중국 역사서들을 통해 일본의 실체에 대하여 좀 더 많은 것을 자세하게 파악할 수 있다.

『삼국지』「위서 동이전」은 좀 더 깊이 있게 내용을 추적해 갈 것이어서 관련 내용은 뒤에서 많이 언급할 것이다. 『후한서』「동이전」에는 '57년에 왜노국이 공물을 갖고 인사하러 왔다. 왜노국은 왜국의 최남단에 있다'라고 기록하고 있으며, 『한서 지리지』에는 '낙랑군의 바다 안에 왜인이 있다. 백여 개의 나라로 분리되어 있다. 정기적으로 와서 공물을 헌상했다'라고 기록되어 있다.

우리가 보통 읽는 『삼국지』는 중국 원나라 때 나관중이 쓴 소설 『삼국지연의』를 가리킨다. 본 책에서 주로 언급하는 『삼국지』는 중국 진나라의 학자 진수가 중국 삼국시대 위, 오, 촉의 역사를 수집, 편찬한 역사서이다.

『삼국지』「위서 동이전(三國志 魏書 東夷傳)」에서는 위나라 동쪽에 있는 여러 나라들에 대하여 기록하고 있다. 부여, 고구려, 동옥저, 읍루, 예, 한(마한, 진한, 변한), 왜인의 종교, 문화, 생활 등에 대해 각각 기록되어 있다. 이 역사서가 중요한 것은 한국과 왜에 대한 아주 오래된 자료라는 점과 동시대의 사실을 기록한 내용으로 신뢰감이 크다는 점 등이 있다.

물론 다른 역사서의 내용들도 많지만 『삼국지』 「위서 동이전 왜인조」에는 대방군에서 한국의 해안을 따라가다 조금 남쪽으로 가서 조금 동쪽으로 이동하면 구야 한국에 다다르고 여기서 바다를 건너 현재의 일본 규슈로 건너가는 여정이 상세하게 기록되어 있는데, 이는 현재 일본 규슈로 가는 항로와 거의 비슷한 경로다. '동이전'이라고 같은 범주에 있는 고대 한국과 왜에 대한 기록을 따라서 그곳에 나오는 일본 규슈의 고대 국가 유적지의 기록들을 찾아볼 수 있을 것이다.

『삼국지』 「위서 동이전」 이외에도 중국 사서 『후한서』에 한국(韓國)에 관해 아래와 같은 기록이 있다.

마한(馬韓)은 반도의 서쪽에 있으며 54개 나라를 가지고 있다. 그 북쪽은 낙랑군과 경계를 하고, 남쪽은 왜(倭)와 맞붙어 있다. 진한(辰韓)은 동쪽에 자리 잡고 12개 나라를 가졌으며 그 북쪽은 예맥과 경계하고 있다. 변진(弁辰)은 진한의 남쪽에 위치하는데 이 역시 12개 나라로 구성되어 있으며 그 남쪽은 왜와 경계하고 있다. 그러므로 한(韓)에는 78개 나라가 있고 백제도 그 가운데 하나다.

그중에 변진의 나라들은 변진반로국(弁辰半路國), 변진미오야마국(弁辰彌烏邪馬國), 변진구야국(弁辰拘邪國), 변진아야국(弁辰安邪國), 변진독로국(弁辰瀆盧國) 등 앞에 변진으로 시작하는 국명으로 되어있다. 대부분의 위치가 우리가 생각하는 가야지역에 있고 지금도 유적이 나오고 있으나 우리 역사 기록에는 사라져 버린 이들이 간 곳은 어디인지? 우리가 찾아가는 일본 유적지와 관계가 있는 것은 아닐까?

고대 일본으로의 문화 기술 전래 경로는 한반도를 경유해서 북부 규슈로의 경로, 중국 대륙 화남 지방으로부터 남, 서 규슈로의 경로, 동남아시아로부터 남부 규슈로의 경로 3개 정도가 확인되고 있다. 하지만 한반도로부터 도항하면 대마해류의 흐름에 따라 일본의 산인(山陰), 호쿠리쿠(北陸)와 도호쿠(東北) 지방이 있는 동해 쪽으로도 도착한 것으로 보인다. 『일본서기』에서 보면 다카아마노하라(高天原)에 국가를 양도하기 전에 고대 이즈모(出雲)의 발전은 대륙, 한반도로부터 북부 규슈를 경유하지 않고 직접 이즈모에 상륙했던 사람들이 이룩했을 가능성이 높다.

그러나 고대 대륙에서 왜나라으로의 경로는 『삼국지』「위서 동이전 왜인조」에 대방군에서 한국을 경유하여 북부 규슈에 도달하는 경로는 잘 기술되어 있으나, 그 외의 경로는 확인된 것이 아직 없는 것으로 보인다. 거리는 수십 킬로미터로 짧았어도 당시에는 대항해였을 것이다.

『삼국사기』에 많이 기술되어 있는 왜의 신라 침입은 4~6월에 집중되고, 9~1월에는 거의 보이지 않는 것은 이 기간에 왜에서는 바다를 건너지 말아야 한다는 것을 오래전부터 알고 있었기 때문인 것 같다. 이처럼 바다를 건너는 것은 여러 환경이 크게 좌우했다. 날씨가 쾌청하고, 바람이 없고, 시계가 양호하고, 파도가 거의 없는 것 등을 잘 고려해야 했기 때문에 도항을 하는 것이 쉬운 일은 아니었을 것이다.

『삼국지』「위서 동이전 왜인조」에 실린 한반도에 있는 나라를 경유해서 왜로 가는 여정을 좀 더 구체적으로 살펴본다.

왜인은 대방군의 동남쪽 큰 바다 가운데에 살고 있다. 대방군에서 왜로 가려면 한국의 해안을 따라 물길로 내려가다 조금 남쪽으로 가서 조금 동쪽으로 가면 왜의 북쪽 기슭인 구야 한국(拘邪韓國)에 도달하는데 그곳까지가 약 7천 리가 된다. 그곳을 떠나서 약 천 리 남쪽 바다를 건너가면 대해국(對海國)에 이르며 또다시 남쪽에 가로 놓인 약 천 리가량 넓이의 거한해를 건너면 일대국(一大國)에 닿는다. 거기를 떠나서 또 천 리 남짓 항해하면 말로국(末盧國)에 이른다. 동남쪽으로 육로 500리를 가면 이도국(伊都國)에 도착한다. 여기서 동남쪽으로 100리를 가면 노국(奴國)이고, 남쪽으로 물길로 20일이면 투마국(投馬國)에 도착한다. 여기서 여왕의 도읍지인 사마일국(邪馬壹國)까지는 남쪽으로 물길로 10일이 걸리고, 걸어서는 한 달이 걸린다. 대방군에서 여기까지는 12,000리의 여정이다.

말로국(末盧國)은 현재 일본 규슈 서북부의 사가 현(佐賀縣) 마쯔라 군(松浦郡) 일대였을 것이다. 이곳은 앞장에서도 언급한 고대 벼농사 흔적이 발견되고, 탄화미와 농사를 지었던 사람의 발자국까지 발견되어 화제가 되기도 한 곳이다.

고대의 항로는 위의 경로이지만 현재 이곳을 가려면 JR가라쯔(唐津)선 가라쯔(唐津) 역에 내려 10분 정도 걸으면 가라쯔 시마쯔로간(唐津市末盧館) 박물관이 있다. 이곳에서 이 지역의 역사와 벼농사의 발전사 등 다양한 내용들을 확인할 수 있다. 가라쯔 해안 근처에 있는 사쿠라바바(桜馬場) 유적에서 출토된 유물 중 파형동기(巴形銅器)는 김해의 대성동 고분에서 나온 것과 같은 모습으로 두 지역 간 긴밀한 교류가 있었음을 알 수 있다.

또한, 이 박물관에 전시하고 있는 유물 중에 가라쯔 인근의 우키군 텐(宇木汲田) 유적에서 출토된 대량의 청동 제품은 한반도로부터 들어 오는 초기 제품이었고, 또 이 시기는 인구가 증가하면서 토지를 가지 고 투쟁이 벌어져 북부 규슈 전체의 긴장감이 높았던 시기였다. 한반 도도 중국의 한 왕조 성립 시기에 연나라, 제나라의 망명자들이 서 북 조선으로 대거 유입되고, 기원전 194년에 연나라의 위만이 위만조 선을 건국하는 계기가 되기도 한다. 그 당시 한반도와의 교역 루트를 장악했던 왜나라의 유력자에 의해서 청동기 무기들이 획득한 것으로 보인다.

가라쯔(唐津) 시 마쯔로간(末盧館) 박물관에 있는 안내판

말로국에 도착하기 전의 경유지인 일대국(一大國)이라고 하는 이기 국(壹岐國)이 있는 이기섬(壹岐島)에도 현재는 역사 발물관이 있고 이 섬의 고분 등에서 발굴된 유물 등이 전시되고 있다. 예전에는 가라가 미(可良香美)신사가 있었다고 하는 등 가라와 많은 관련이 있었을 것

으로 생각해 본다.

가라쯔 시마쯔로간(唐津市末盧館) 박물관은 일본 고대의 타카유카소우코(高床倉庫)를 모델로 하여 조성한 건물이다. 고상 창고는 일본에 고대 건축물로 여러 군데 남아 있다. 그런데 우리나라에는 거의 없지만 고구려 벽화에도 많이 그려져 있고 현재도 북한과 중국 경계 지역이자 고대 고구려 지역인 집안 지역 등에 부경이라는 창고 형태로 그 흔적이 그대로 남아 있다. 일본에 남아 있는 대표적인 고구려 부경 형태인 고상 창고는 우리가 많이 찾는 오사카 주변에 있는 나라의 동대사 뒤쪽에 있는 정창원, 동대사에서 와카쿠사야마(若草山) 쪽으로 올라가다 보이는 법화당(法華堂), 경고(経庫)라는 창고, 그리고 나라의 토쇼타이지(唐招提寺)안의 보장(宝藏), 경장(経藏) 등이 있다.

또한 이기섬에서 말로국이 있는 가라쯔로 가는 경로에 가카라시마(加唐島)가 있는데 이곳은 위에서 설명하는 시기와는 다르지만, 백제의 25대 무령왕이 탄생한 의미 있는 장소이다.

가카라시마(加唐島)는 JR가라쯔(唐津)선 가라쯔(唐津) 역에 내려 버스로 요부코 항으로 가서 하루에 4회 정도 운항하는 배를 이용하면 20분 정도 걸리는 거리에 있다. 섬 안에는 무령왕이 탄생한 곳이라 전해지는 오비야우라라는 조그마한 굴이 보존되어 있고, 옆에는 무령왕이 태어났을 때 목욕물로 사용되었다는 우물도 있으며, 무령왕 탄생 기념석도 건립되어 있다. 또한, 매년 6월 상순에는 이 섬 사람들이 주관하여 무령왕 탄생제도 개최하고 있는 곳이다.

『삼국사기』에 백제 무령왕에 대해 이름은 융 또는 사마로 되어있으나, 언제 태어났는지에 대한 기록이 없는 반면에 『일본서기』에는 무령왕의 출생에 대한 좀 더 구체적인 기록이 있다.

백제의 개로왕은 왜나라로 가는 군군(軍君: 곤지)에게 임신 중인 부인을 함께 동행시키면서 "나의 임신한 부인이 이미 산월이 됐으니 만일 도중에 출산하면 같은 배에 태워서 조속히 백제로 돌려보내시오."라고 하였다. 하지만 임신한 부인은 일본으로 가는 중에, 앞에서 살펴본 항로 안에 있는 이기섬을 지나 가라쯔로 들어가기 전에 가카라시마에서 출산한다. 그래서 아이의 이름을 도군(島君)이라 했다. 그러자 곤지는 배 한 척을 마련해 도군을 그 어머니와 같이 백제로 돌려보냈다. 1971년 발굴된 공주 무령왕릉의 발굴품 중 지석에 기록된 이와 같은 내용 중 일부가 일본서기의 기록과 일치해서 큰 반향을 부르기도 했다.

　이 근처에 한국을 배경으로 하는 역사적인 기록과 연관한 전설이 있는 지역이 있어 찾아본다. JR치쿠히센(筑肥線)의 니지노마쯔바라(虹ノ松原) 역에서 내려 버스를 타고 가면 사요히메(佐用姫)신사에 도달한다.

　『히젠노쿠니후도키(肥前国風土紀)』와 『만요슈(萬葉集)』에 있는 내용으로 537년 신라가 백제 및 임나를 침공했을 때 오오토모노사데히코(大伴狭手彦)가 임나를 구원하기 위해 이 지역에 왔다고 한다. 배를 정비하는 사이에 사데히코는 지역 유지의 딸 사요히메와 사랑하는 사이가 되었는데 얼마 되지 않아 사데히코는 출발하게 되었다. 사요히메는 슬픔에 겨운 나머지 가가미 산에 뛰어 올라가 현해탄으로 멀어져 가는 배를 보고 요부코의 가베 섬까지 쫓아갔으나 사데히코가 탄 배는 바다 멀리 사라져 버린다. 사요히메는 7일 낮, 밤을 울고 눈물이 말라버려 망부석이 되었다는 전설이 있는 신사이다. 진실 여부는 알 수 없지만, 고대 역사 속에서 한반도와 관련된 배경하에 만들어진 이야기이므로 일본의 역사를 파악하는 데 의미가 있는 곳이라 생각한다.

이 지역은 한반도에서 오는 항로로서 일본 내륙에 도착하는 지역이라서 그런지 한반도 관련한 많은 것들이 남아 있다. 가라쯔의 에니치지(惠日寺)에 있는 동종은 고려 시대의 동종으로 종의 외면에 주조되어 있는 모양이 경주의 에밀레종의 비천 보살상과 같은 모양과 연화문이 표시되어 있는 모습이 한반도의 범종임을 나타내고 있다. 화려한 연주문과 당초문이 배치되어 있고 명문에는 중국의 태평 6년(1026년)이란 연호가 기록되어 있다고 한다.

그리고 가라쯔 지역은 가라쯔야키(唐津燒) 도자기로 유명한 곳이다. 일본의 여러 안내 책자에서는 가라쯔야키를 열었던 조상은 한반도로부터 넘어온 도공들이라고 소개하고 있다. 초기에는 한반도와 관련 있는 도자기를 구웠으나, 그 후에 가라쯔야키 독자의 스타일을 만들었다고 한다. 그래서 '헌상가라쯔'라는 이름으로 불리면서 명성을 떨치게 된다. 지금도 '옛날 가마의 숲 공원'이라고 하는 곳 인근에도 옛날에 사용했던 도자기 굽는 가마도 남아 잘 보존하고 있다.

또한 가라쯔 인근에 큐라키쵸(嚴木町)에 가야의 나무(カヤの木)라는 수령이 오래된 나무가 있다. 높이 20m, 나무 둘레가 4.5m, 기장은 20m 정도이고 수령이 700년 이상 된 나무인데 가야라는 이름이 붙어 잘 보존되고 있는 것이 흥미로운 곳의 하나였다.

이 지역에 시기는 다르지만 히젠나고야(肥前名護屋) 성터 및 120여 개의 진영터 유적지도 둘러 보면 좋을 것 같다. 지금으로부터 420여 년 전 1592년 일본 전국을 통일한 도요토미 히데요시는 명나라로 출병한다는 명분으로 이곳에 조선 정벌의 출발 기지로 성을 구축하기 시작하여 6개월 만에 성을 축성하고 이를 기반으로 조선을 침공한 다. 이때 축성한 히젠나고야(肥前名護屋) 성터 및 진영터는 현재 많이 폐허화되어 있으나 대규모 유적에 대한 보존 정비사업을 하고 있었 다. 이곳은 한반도와의 사이에 있는 바다인 현해탄이 있는 켄카이(玄 海) 국정공원에 접한 곳으로 '역사 탐방의 도로'라는 산책 코스 안에 포함되어 있어서 여러 곳에 설명 판과 방향 표식이 설치되어 있어 안 내 내용을 보면서 여유로운 산책을 해도 좋은 곳이다.

나고야(名護屋)성박물관

인근에 있는 나고야(名護屋)성박물관의 상설 전시장에는 '일본열도 와 한반도의 교류사'라는 주제로 전시되고 있는데, 그중에서 한일 양 국의 우호 관계를 일시적으로 단절시킨 임진왜란, 정유재란의 무대였 던 나고야(名護屋) 성터 및 진영 터의 역사적 의미를 정확히 하는 것을 주요 목적으로 하고 있는 것 같다. 그래서 전시실은 '나고야 성 이전', '역사 속의 나고야 성', '나고야 성 이후', '특별 사적 나고야 성터 및 진 영 터'로 구분하여 전시하고 있다. 오랫동안의 한일 양국 간 오고 간

많은 양의 교류 내용을 쉽게 이해하고 파악할 수 있어 꼭 찾아가 볼 만한 곳이다.

'나고야 성 이전'에는 일본 문화의 형성과 발전에 큰 영향을 미친 고고 문헌, 미술품 등의 자료를 전시하고 있고, '나고야 성 이후'에는 에도시대의 조선통신사 왕래 이후 근현대에 이르기까지 일본 열도와 한반도의 관계를 보여주는 자료가 전시되고 있다.

히젠나고야(肥前名護屋) 성터에서 바라본 현해탄

히젠나고야(肥前名護屋) 성터 근처의 코타쿠지(広沢寺)라는 절에서 특이한 것을 볼 수 있다. 이곳은 임진왜란을 일으킨 도요토미 히데요시를 추모하는 절로 건립되었는데 이 절의 경내에는 임진왜란 때 가토 기요마사가 조선으로부터 가지고 돌아온 것으로 전해지는 소철나무가 있다. 높이는 3m, 기장은 6m 이상이 되는 거대한 모습으로 일본 내에서도 아주 진귀하여 천연기념물로 관리하고 있다고 한다.

규슈를 중심으로 한 고대 일본 역사와 한반도의 역사, 그리고 여러 왕조의 흥망사와 함께 유기적으로 시야를 넓혀 살펴볼 것이 참 많은 곳이다.

4.
『삼국지』「위서 동이전 왜인조」
기록을 따라서
– 이도국伊都國

앞장에서 언급한『삼국지』「위서 동이전 왜인조」기록에 있는 이도 국의 경로는 '…말로국에서 동남쪽으로 육로로 5백 리를 가면 이도국 (伊都國)에 도착한다…'로 되어 있다.

이도국은『삼국지』「위서 동이전 왜인조」에 등장하는 일본과 한반 도와의 교류 창구로서 이토시마(糸島)에 1,800여 년 전 존재했던 고대 국가이다. 앞에서 언급한 말로국이 있었던 카라쯔 지역과 후쿠오카 지역 사이에 있었던 것으로 보인다.

한국의 강화도와 전라남도 해남 등의 지석묘와 같은 무덤 양식이 바다를 건너간 것을 뒷받침하듯이 앞의 말로국에서도 본 것처럼 이 곳 이도국이 있었던 이토시마 지역 주변에서도 많이 발굴되고 있다.

지석묘는 중국의 동북부의 요동 반도 주변으로부터 한반도, 서북 규슈에 걸쳐서 분포하고 있다. 상석을 복수의 지석에 의해 지지하는 구조가 기본인데, 그 형태는 크게 두 가지로 분류한다. 요동 반도에서 부터 한반도 북부에 걸쳐서는 거대한 상석을 높은 지석으로 지탱하 는 묘가 많다. 이 형상이 테이블과 유사하다고 하여 탁자형이라 부르고 그 분포의 중심이 북부에 편중되어 있어서 북방식이라고도 한다. 매장 시설은 보통 지상에 있다. 반면에 한반도 남부에서 서북 규슈에 걸쳐있는 것은 지석이 낮은 것이 대부분이다. 형상으로 볼 때 기반형이라 부르고 분포 영역이 남쪽이라 남방식이라고도 부른다. 매장 시설은 보통 지하에 있다. 한반도에 있는 것은 석실이 많은 반면에 규슈의 것은 목관, 옹관, 석관 등 종류가 풍부하다.

기원전 5세기경 벼농사를 중심으로 하는 새로운 문화가 한반도로부터 일본 열도에 전달되면서 야요이 시대가 시작되는 것은 앞에서도 보았다. 남방식 지석묘 문화가 도래해 주로 규슈 북서부에 분포하고 이토시마에서부터 가라쯔, 마쯔우라 주변의 현해탄 연안 지역 등에서 주로 보인다. 그런데 이 지석묘 묘제는 야요이 문화가 급속히 일본 열도로 확대되는 것에 반해서 규슈 지역을 벗어나지 못하고 단기간에 소멸하여 규슈 외의 일본 다른 지역에서는 거의 보이지 않는다.

이도국역사박물관(伊都國歷史博物館)에서 이 지역의 역사와 유물, 유적 등에 대한 내용과 한일 교류 관련 내용 등도 살펴볼 수 있었다. 후쿠오카에서 이곳에 갈 경우 JR치쿠히(筑肥)선 하타에(波多江) 역에서 내려 20분 정도 걸어가면 나온다. 역에서 박물관까지 들어가는 길은 다른 어느 일본의 시골 마을보다는 한국의 시골 마을과 닮아있는 느낌이 들어 포근하고 평안한 기분이었다. 이 박물관에는 야요이(弥生) 시대를 설명하면서 '이곳 이도국은 한반도로부터 벼농사 기술이 전달되면서 야요이 시대가 시작된다. 야요이 시대에는 청동기, 철로 만든 금속기도 전달되었다. 생활의 큰 변화가 있었다.'고 안내하고 있다.

지리적으로 보면 이곳은 한반도와 많은 교류가 있었던 지역인 것을 알 수 있다. 한반도로부터 도래한 것으로 보이는 것은 야요이 시대 초기에는 석기, 옥류, 청동기 등이 보이고 야요이 시대 중기 고분시대에는 도질 토기와 철기 등이 보인다. 야요이 초기 시대 유적에서는 일본에서 가장 오래된 야요이 토기와 한반도계 마제석기가 출토되었고, 야요이 중기 이후 유적에서는 동탁이 출토되고, 한반도 남부의 토기인 삼한계 토기가 출토된 것을 볼 수 있다.

이도국역사박물관(伊都國歷史博物館)

또한 이 지역에서는 1975년에 옛 무덤에서 발견된 선박 모양의 부장품을 참고하여 야생호(野生号)라는 고대시대 선박을 만들어 『삼국지』「위서 동이전 왜인조」에 기록되어 있는 위나라 관리의 일본행을 재현하기 위하여 대방군의 인접이라 생각한 지금의 한반도의 인천부터 하카타까지 현해탄을 건너 47일간에 걸쳐서 항해하는 행사를 진행한 사진도 크게 걸어 놓아 전시하고 있었다.

그 당시에 이 행사는 한일 양국에서 뜨거운 관심을 보였으나 계획대로 잘 이루어지지 못했던 것으로 알고 있다. 『삼국지』「위서 동이전 왜인조」의 경로가 대방군에서 왜로 가려면 한국의 해안을 따라 물길로 내려가다 조금 남쪽으로 가다 조금 동쪽으로 가면 왜의 북쪽 기슭인 구야 한국(拘邪韓國)에 도달한다는 해석을 한국의 서해안을 따라 남해안의 뱃길로 가다 김해 쪽에 도착하여 현해탄을 건너 대마도를 거쳐 일본 규슈로 가는 것으로 해석하여 진행했으나 의외로 물길이 어려워 서해안, 남해안을 배로 통과하는 데 어려움을 겪은 것으로 나타났다. 고대 사서인 『삼국지』 「위서 동이전 왜인조」의 해석뿐만 아니라 한일고대사에 관해 보다 깊이 있는 연구가 필요하다는 사례를 남긴 것 같다.

박물관이 있는 지역에서 현해탄이 있는 쪽을 바라보면 앞에서 소개한 가야 산이 바다와 가까운 곳에서 한반도 쪽을 바라보고 있는 것을 알 수 있다.

인근의 이와라야리미쵸(井原鑓溝)왕묘에서 약 200여 년 전에 21면의 동 거울과 김해 대성동 고분에서 나온 것과 같은 파형동기 등이 출토되었다. 이 부근의 고분에서는 한반도에서 출토된 유사한 유물들이 풍부하게 출토되고 있다. 고대 동 거울은 왕의 권력을 상징하는 보물이었고 그것의 크기와 보유하고 있는 수량은 권력의 크기를 표시하고 있었다고 생각되는데, 인근의 히라바루(平原)왕묘에서 나온 동 거울은 수량도 많을 뿐만 아니라 일본에서 크기가 제일 큰 것이 나온 것으로 봐서 이곳 이도국 지역은 고대 국가 중 강력한 집단이었을 것으로 보인다.

위에서 언급한 히라바루(平原)왕묘가 있는 고분 공원은 들판에 있으며 현해탄 반대 내륙 방향으로 산악지대가 있다. 그 중간에 고개가 있는데 이곳의 이름이 히나타 고개(日向峠)이다. 히무카(日向)이라는 지명을 이곳에서는 '히나타'라고 읽는데 일본 고대사에 아주 중요한 지명이다. 『고사기』, 『일본서기』에 기록된 일향(日向)은 보통 '히무가'라고 읽고 천손강림의 지역과 관계있는 일본 신화를 전승하는 지역으로 생각되고 있는 곳이다.

히라바루(平原)왕묘

히라바루(平原)왕묘는 분구로부터 14.8m의 위치에 큰 기둥이 있는데 일직선상으로 볼 때 연장선상에 히나타고개(日向峠)를 조망하는 것이 가능해진다. 이러한 일렬 배치는 의도가 있었던 것으로 보이는데 히라바루(平原)왕묘에서 나온 한반도 관련 유물 및 천손강림 신화로 표시되어 있는 히무카(日向) 지역 등의 성격을 생각해 볼 때 중요한 요소인 것은 틀림없다. 히라바루(平原)왕묘는 이도국왕의 묘라는 것만이 아니라, 히나타고개(日向峠)를 의식해서 유구를 배치하고, 출토된 동거울이 온전한 상태가 아니라 모두 부셔서 매장해놓은 것의 의미 등이 현재에도 해석이 잘 안 되고 의혹으로 남아 있다고 한다. 계속해서 더 연관된 연구가 필요한 내용인 것 같다.

우리나라의 고대 분묘에서도 동 거울이 발굴은 되고 있으나, 그 수

량이 그렇게 많지 않은 데 비해 일본에서는 한국과 다르게 동 거울이 아주 많이 발굴되고 있다. 히라바루(平原)왕묘에서도 40매의 동 거울이 발굴되었는데 그중에 동 거울 하나는 일본에서 발굴된 동 거울 중에서 최고로 크기가 큰 것이고, 40개 동 거울이 크기와 문양이 다양하게 출토되었다.

고대 분묘에서 많이 발굴되는 동 거울은 야요이 시대에 북부 규슈에서 최초로 보이기 시작했다. 대량으로 동 거울을 부장하는 문화는 고분 시대에 들어가면서 일본 동쪽으로 전달되어 긴키 지역을 중심으로 하는 고분에도 많이 적용이 된다. 동 거울은 세토 내해로부터 긴키 지역에 걸쳐서 많이 발굴되는데 사쿠라이 시의 쟈우스야마 고분, 구로쯔카 고분 등의 부장품 중에서도 동 거울이 대량으로 나온 것을 볼 수 있다. 동 거울의 뒷면을 보면 여러 가지 문양이 많이 보이는데 그 중 고구려의 고분 벽화 중 4신도 속 사신(현무, 청룡, 주작, 백호)의 모습을 히라바루(平原)왕묘 발굴 동 거울에서도 볼 수 있다.

일본의 천손강림 신화는 하늘의 최고신의 자손인 니니기노미코토가 쓰쿠시(筑紫) 히무카(日向)의 다카치호(高千穂) 구시후루다케(久土布流多氣)에 내려와 "이곳은 한국(韓國)을 향하고 가사사(笠沙)로 바로 통해서 아침 해와 저녁 해가 비치는 아주 좋은 곳"이라고 말하는 것이 일본의 최고 오래된 역사서인 『고사기』에 나오고 있다. 일본 천손강림 신화에 대한 구체적인 한국 관련 지역은 뒤의 남부 규슈를 방문할 때 좀 더 세밀하게 설명하기로 하겠고, 여기서는 일향(日向)이라는 지명에 대해서만 살펴보고자 한다.

히라바루(平原)왕묘에서 바라본 히나타(日向) 고개

일향(日向)의 이름의 장소는 규슈에 두 곳이 있다. 지금 이야기하는 이곳은 '히나타'라고 읽지만, 앞으로 설명할 남부 규슈의 미야자키에도 일향(日向)이 있는데 이곳은 같은 한자임에도 '휴가'라고 읽고 있다.

히라바루(平原)왕묘가 있는 고분 공원에서 바라보이는 이 고개에 있는 안내판에는 남서쪽에는 가라쿠니(韓國, 王丸山), 북서쪽은 구시후루(櫛觸) 산, 그 앞에 다카스(高祖) 산이 보이고 신화의 산들이 연달아 있어 히무카(日向) 3대 신화의 원류가 되는 곳이라고 설명되어 있고, 고개에서 보면 가야 산이 보이고 한반도로 건너가는 현해탄이 보이는 것으로 봐서 타당성은 있어 보이나, 일본 역사 학계 내에서는 이곳보다는 남부 규슈의 미야자키에 있는 휴가(日向)를 천손강림 신화의 고향으로 보고 있다.

『삼국유사』 가락국기에 수로왕의 7왕자가 지리산에서 수행하다 성불하여 승운이거(乘雲離去: 구름을 타고 다른 지역으로 감) 하였다는 소식을 들은 수로왕이 절을 세워 칠불사라 하였는데, 현재는 경남 하동에 칠불사가 이런 전설을 간직하고 남아있다. 한반도 내에는 7왕자의 기록이나 흔적이 거의 없으며 7왕자가 일본 규슈로 도항하여 히무카(日向)의 다카치호미네에서 신으로 강림했다는 천손강림 신화와 연관이 있는 것으로 보인다.

전설에 따르면 남부 규슈에 7개 성을 쌓았다는 기록도 있으나, 이도국이 있는 이토시마(糸島) 지역에는 7개의 큰 절이 존재하고 있는 것도 이번 방문을 통해 알게 되었다. 한반도와 관련 있는 것들이 어떤 모습으로 어떻게 남아 있는지 잘 알려져 있는 것도 있지만 일본 방문 중에도 무심코 지나간 것 중에 우리가 모르는 것들이 많이 있겠다 생각을 해본다.

이도국역사박물관이 있는 지역은 여러 유적지와 오래된 신사들이 산재해 있는데 그중에 다카스(高祖)신사를 방문했다. 박물관에서 다카스산(高祖山) 방향으로 조금 걸어가면 아담한 주택가들이 모여있는 주거지역이 있고 그 한적한 마을을 지나 산 쪽으로 조금 올라가면 울창한 숲 안에 오래된 다카스(高祖)신사가 있다. 이 신사는 천손강림과 히무카(日向) 3대신(神) 중에 히코호호데미노미코토(彦火火出見尊), 타마요리히메노미코토(玉依姫命)와 진구황후를 제신으로 하고 있었다.

이 신사는 신라에서 도래한 아메노히보코(天日槍, 天之日矛)의 전설과 연관이 있는 곳이기도 하다. 그 근거는 이토시마(糸島)시 근처에 있는 우미하치만구(宇美八幡宮) 엔기(緣起)와 『치쿠젠코쿠후토기(筑前国風土記)』에 아메노히보코의 후예 등에 대한 기록이 있고 『일본서기』에 도래계 전승과 관련하여 이도도비고(伊都都比古)라는 인물이 보이는 것도 연관이 있다.

다카스 신사

　아메노히보코(天日槍, 天之日矛)에 관련된 내용으로 『고사기』에 다음과 같은 이야기가 있다. 오진천황 때에 신라의 아구누마라는 늪에서 한 여인이 낮잠을 자고 있을 때 그녀의 음부에 햇빛이 비치면서 여인은 임신하여 붉은 구슬을 낳는다. 이 모습을 본 어떤 남자가 여인에게서 구슬을 얻은 후 항상 몸에 지니고 다녔다. 어느 날 그 남자가 소를 몰고 가다 소를 잡아먹으려 한다는 오해를 받아 아메노히보코에 의해 감옥에 갇히고 항상 지니고 다니던 붉은 구슬을 주고 감옥에서 풀려나온다. 아메노히보코는 구슬을 집에 가지고 갔는데 그 구슬은 아름다운 여인으로 변했다. 아메노히보코가 그 여인과 결혼하여 잘살다가 그 여인을 구박하자 그 여인은 일본으로 가 버렸다. 아메노히보코는 아내를 찾아 일본으로 갔으나 아내를 만나지 못하고 마에쓰미라는 여인과 결혼한 것으로 기록되어 있다.

　『일본서기』에는 스이닌천황 때 신라의 왕자인 아메노히보코(天日槍, 天之日矛)가 일본에 건너가 일본의 왕에게 옥, 동 거울, 창, 칼 등 8가지

보물을 바쳤고 그 후에 여러 곳을 거쳐 마타오라는 여인과 결혼한 것으로 기록되어 있다.

이 신라의 왕자와 그 후손들이 일본 내에서 이동하면서 여기저기에 남긴 흔적과 관련한 이야기가 남아 있다. 그중 이곳 이도국 지역이 이들과 어떤 관련이 있는지를 찾아본다.

『하리마풍토기』에도 아메노히보코에 대한 내용이 기록되어 있는데 그 세력은 강해서 일본 땅에 상륙해서 토착 세력과 맹렬한 투쟁을 벌였다고 적고 있다. 또한 아메노히보코와 그의 후손들을 제사 지내는 신사가 여러 곳에 다수 남아 있고 여러 가지 전승이 남아 있다는 것이다.

일본의 민속학자 다이가와 겐이치 씨는 『청동신의 족적』이라는 서적에서 청동기 기술을 가진 세력이 한반도로부터 일본 열도에 도래해 와서 문화 발전에 기여한 업적을 『고사기』, 『일본서기』, 『하리마풍토기』 등에 반설화적으로 기술해 놓고 있다고 주장한다. 또한, 아메노히보코와는 별도로 『일본서기』에 쓰누카아라시토(都怒我阿羅斯等)가 여자를 쫓아왔다는 이야기가 기록되어 있다. 이 인물은 아메노히보코와 동일 인물로 여겨지나 그 이름의 '쓰누카'는 뿔이 있는 사람으로 소머리(牛頭) 관을 쓴 모습이 연상된다. 그리고 도래의 전개 내용이 소와 붉은 구슬의 교환, 그리고 구슬이 변해서 여인이 되는 것 등은 가야와 신라의 건국 신화에서 왕이 알에서 태어난다는 신화와 연결되는 것을 볼 수 있다.

일본의 많은 학자들은 아메노히보코는 실존 인물이 아니라 청동기 세력의 선조를 상징하는 신의 이름으로 보고 있다. 그러나 『신찬성씨록』에서는 그의 후손으로서 타이마(当麻) 씨, 이토이(糸井) 씨, 미야케

(三宅) 씨 등이 있다고 한다. 또한 몸에다 돌을 메달고 출산을 억제하면서 삼한을 정벌한 후에 규슈로 돌아와 왕자를 낳았다는 진구황후도 『고사기』의 계보에서 보면 아메노히보코의 7대 후손이라는 것을 볼 수 있다.

이 내용을 좀 더 구체적으로 보면 진구황후가 출진할 때 쓰쿠시에서 출영했던 인물인 이도노아가타누시(伊覩県主)의 조상 이토데(五十迹手)라는 이름이 『일본서기』, 『추쿠고(筑後)풍토기』에 보인다. 그런데 이들은 고구려국의 오로산에 하늘로부터 내려온 아메노히보코의 후예라고 하였다. 이것으로부터 『삼국지』 「위서 동이전 왜인조」에 나오는 이도국은 한반도로부터 도래했던 아메노히보코의 자손이 만든 나라가 아닌가 생각해 볼 수 있는 것이다. 조금 많은 내용으로 이도국과의 연관성을 찾아보았다.

일본의 어느 시대 어느 장소를 떠나서 우리가 방문하는 한 곳 한 곳을 잘 연관 지어 생각해 보면 역사의 실타래가 풀리는 것을 느낄 수 있다.

5.
『삼국지』「위서 동이전 왜인조」
기록을 따라서
- 노국奴國

앞장에서 언급한 『삼국지』「위서 동이전 왜인조」 기록에 있는 노국은 '…이도국(伊都國)에서 동남쪽으로 1백 리를 가면 노국(奴國)에 도착한다…'고 되어 있다.

1세기경 유력한 노국(奴國)이라는 국가가 있었고 위치는 후쿠오카 평야 일대로 생각하고 있다. 유물 발굴 등으로 볼 때 현재의 가스카시(春日市)의 스구오카모토(須玖岡本)유적 주변이 노국(奴國)의 중심으로 보고 있다.

북 규슈의 하카타만 일대는 일찍이 기원전부터 논농사가 행해지고 금속기의 사용이 일본에서 가장 빨랐는데, 한반도로부터의 가야 왕족과 무장 집단이 도래하면서 선주민들과 함께 초기의 왕국을 만든 것으로 보인다. 가라쯔 평야에서부터 하카타 평야 주변에 걸쳐서 앞에서 설명한 말로국, 이도국, 그리고 이 장에서 살펴보는 노국 등 4~5개의 소 국가군이 만들어진 것으로 보인다. 또한 가야제국 외에 3세기경 한반도의 전라남도, 경상남도 해안가에 포상팔국이라는 나라들이 있었는데 이들은 한반도, 대마도, 규슈 지역들을 왕래하면서 생활했던 것으로 보인다. 이 포상팔국과 가야제국의 협조 관계가 노국 등 북부 규슈의 소국들과 관계가 있어 보인다.

그중에 대가야는 일본에서는 보통 '우가야'로 읽는다. 일본 건국과 천손강림 신화에 많이 나오는 '우가야'라는 이름의 이 대가야도 한반도의 어떤 상황에 따라 일본으로 진출하는데 해상 활동에 유능한 포상팔국과 협조하에 규슈에 진출한 것으로 보인다. 규슈의 하카타 만에 상륙하여 노국의 주체가 된 것은 아닐까를 생각해 본다. 대가야의 왕족이 규슈에 상륙한 것을 앞 장에서 설명한 『고사기』, 『일본서기』에서 천손강림 신화로 묘사한 것은 아닌가 유추해 본다. 이렇게 볼 수 있는 것은 앞 장의 이도국에서도 설명했듯이 하카다 만에서 쭉 들어오면 히나타 고개(日向峠)가 있고 그 고개에서 한반도 방향으로 보면 대가야가 있었던 고령의 가야산과 같은 이름의 가야 산이 있는 것 등에서 유추해 볼 수 있다. 그들이 하카타만의 평야를 점령하고 벼농사를 짓고 있던 원주민들을 통합하여 국가를 건설한 것으로 볼 수 있다.

또한, 중국의 사서 『후한서』에 건무 중원 2년(57년)에 '왜의 노국(奴國)이 조공하면서, 황제의 권위를 국내외적으로 이용하기 위하여 중국 한나라의 광무제로부터 인(印)을 하사받았다.'라는 기록이 있는데, 그때의 인(印)이 1784년 후쿠오카의 시카(志賀)섬에서 '한위노국왕(漢委奴國王)'이라는 글자가 각인돼 있는 금인(金印)이 발견된 것과 같았다. 그런데 실물 크기는 길이가 2.3㎝로 아주 작은 크기이지만 1,900여 년이라는 오랜 세월이 지나도 변하지 않은 금빛 광택이 놀랍기만 한 유물이다. 현재 실물은 후쿠오카시박물관에 상설 전시되고 있다.

시카(志賀)섬의 금인(金印)이 발견된 곳은 금인공원(金印公園)으로 조성되어 있다. 그런데, 금인이 왜 시카(志賀)섬에서 발견되었는지는 아직까지 수수께끼로 남아있다. 이곳은 섬이지만 내륙과 연결되어 있어 JR우미노나카미치센(海ノ中道線) 사이토자키(西戶崎) 역에서 내려 버스를 타고 갈 수 있는데 아주 한적한 곳이다. 금인 모조품 전시, 금인 발견 지역을 중심으로 한 북동아시아 지도 모형, 금인에 관련된 상세한 안내 설명판 등이 설치되어 있어 역사 속의 금인을 느끼게 만들어 놓았다.

일본에는 '한위노국왕(漢委奴國王)'이라는 글자가 각인된 금인(金印) 외에 『삼국지』「위서 동이전 왜인조」에는 또 하나의 금인과 은인 기사가 기록되어 있다. 239년에 야마다이국의 여왕 히미코가 위나라에 조공을 하고 받은 금인인데 '친위왜왕(親魏倭王)'이라고 각인된 것이다. 또한 그녀의 사자에게는 은인을 하사하는 등 중국의 지배하에 질서를 유지하기 위해 하사한 인의 종류가 옥인, 금인, 은인, 동인 등이 있었던 것으로 보이나 그중에 금인, 은인의 기사가 이곳에 나오는 것을 볼 수 있다.

금인공원 옆에 있는 모우코총(蒙古塚)에는 이곳에서 죽은 몽고 병사들의 무덤으로 보존되고 있다. 고려 시대 때 고려가 몽고에 정복당한 이후에 고려, 몽고 연합군이 일본을 정벌하기 위해 일본으로 출범하였다. 이곳에 몽고 군의 선박이 정박하였는데 당시 태풍이 불어 배에 있던 몽고 군이 대부분 사망하여 일본 정벌은 물거품이 되었다. 태풍이 부는데 배에 상주하다가 다 몰살당하는 상황을 어떻게 설명할 수 있을까? 함께 간 고려군과 몽고군은 서로 신뢰가 부족하여 배가 아닌 내륙에 몽고군이 진을 치면 배에 남아있는 고려군이 배를 가지고 철수해 버릴 것이라는 의심 때문에 배에 머물렀고 결국 태풍에 전멸했다는 이야기가 있다. 그 덕분으로 세계 최강의 몽고군에게 일본은 정벌당하지 않는 행운을 얻게 되는 계기가 된다. 이때 죽은 몽고 군인들의 영혼을 달래기 위해 무덤을 보존 관리하고 있다고 한다. 일본에서는 이때 불었던 태풍이 세계 최강의 몽고군을 죽게 하고 일본을 구했다고 하여 가미가제(神風)라 하였고 2차 세계대전 때 미국의 함대를 공격한 자살 특공비행기를 탄 군인들을 가미가제특공대라 불렀다.

가스카 시(春日市) 스구오카모토(須玖岡本) 유적지

후쿠오카 가스카 시(春日市) 나코쿠의언덕역사자료관(奴國ノ丘歷史資料館)은 주택가의 한적한 곳에 있고 그 옆의 조그마한 언덕에 스구오카모토(須玖岡本) 유적이 붙어 있는데 전철 니시데츠텐진오무테(西鉄天神大牟田)선의 잣쇼노구마(雜飼隈) 역에서 내려 15분 정도 걸어가면 나온다.

이 박물관에서는 노국(奴國) 지역의 고분들에서 발굴된 유물들을 전시, 안내하고 있는데 앞에서 설명한 규슈의 다른 소국들과 같이 한반도계의 청동기, 도기 등이 많이 유입된 것을 볼 수 있다.

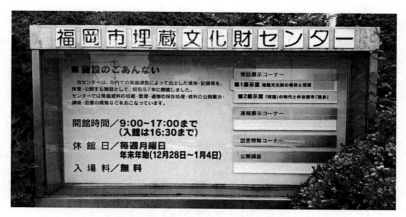

후쿠오카시매장문화재(福岡市埋藏文化財) 센터의 안내판

　나코쿠의언덕역사공원(奴國ノ丘歷史公園)은 야요이 시대의 옹관묘, 토광묘, 목관묘 등의 매장 묘지와 제사 유구가 있는 유적지이다. 출토된 유물 중에 특이한 것은 동탁의 주형이 발견된 것이고, 발굴된 철검 등은 가스카시립매장문화재(春日市立埋藏文化財) 수장고에 보관, 전시하고 있다고 한다. 공원의 한쪽에는 동검, 동모, 옥 등이 발견된 왕의 묘 상석이라는 큰 돌판이 전시되고 있다. 또한 공원에는 2개의 조그마한 고대 호수가 만들어져 있다.

　후쿠오카로 돌아오는 길인 니시테츠텐진오무테(西鉄天神大牟田)선은 후쿠오카와 다자이후(太宰府)를 가는 노선인데 지나가는 역 중에 시라기바루(白木原) 역과 마을이 있다. 다자이후는 백제 멸망 후 유민들이 모여 신라와 당나라의 침입을 막기 위해 미즈기(水城)과 오노(大野) 성을 쌓았던 지역으로 그 앞의 역 이름과 마을 이름이 '시라기바루'라니 무슨 사연이 있어 보인다. 시라기바루에서 시라기는 신라(新羅)의 뜻이고, 시라기바루는 '신라의 벌판'이라는 곳인데 이 지역이 백제의 역사와 관련 있는 곳인 것은 알고 있었지만, 그 당시 적국이자 인접국인 신라의 이름을 붙인 것은 무슨 관련이 있는 것일까?

인근에 있는 후쿠오카시매장문화재(福岡市埋藏文化財)센터는 후쿠오카 시내의 발굴조사로 출토된 유물, 기록류 등을 보관 공개하는 시설로 주로 노국(奴國) 지역의 매장품 발굴 조사 등에 대한 세밀한 과정 등을 잘 설명하면서 전시하고 있었다. 또한 이곳에서는 한국 신안해저유물 침몰선의 유물도 소개하는 코너도 만들어 침몰선의 유물이 들어있는 상자가 일본과 관계가 있다는 내용도 전시하고 있었다.

6.
고대인의 생활이
그대로 남아 있는
요시노가리吉野ヶ里유적

『삼국지』「위서 동이전 왜인조」에 한반도에 있는 구야한국를 경유해서 왜나라로 가는 여정이 언급되어 있다. 앞에서 설명한 몇 개의 나라를 거쳐 최종적으로는 히미코(卑弥呼)가 다스리던 야마일국(邪馬壹國)까지의 경로, 지명, 풍습, 생활상, 특산물, 정치적 상황 등에 대해 아래와 같이 자세하게 언급하고 있다.

노국(奴國)에서 동쪽으로 100리를 가면 불미국(不彌國)이다. 남쪽 투마국(投馬國)까지는 수로로 20일이 걸린다. 남쪽으로 여왕이 있는 야마일(邪馬壹)국까지는 바다로 10일, 다시 육지로 한 달을 가야 나온다. 그리고 여왕국에는 여러 나라가 위치하고 있다. 그리고 그 남쪽으로는 구노국(拘奴國)이 있다. 이곳은 남자가 왕으로 있고 이들은 여왕국에 속하지 않는다. 대방군에서 여왕국까지가 12,000여 리이다.

왜국은 원래 남자를 왕으로 삼았는데, 칠팔십 년이 지난 뒤에 난리가 일어나 몇 해에 걸쳐 서로 싸웠다. 그래서 모두가 함께 여자 한 명을 세워 왕으로 삼고 이름을 히미코(卑彌呼)라 불렀다. 여왕은 귀신을 섬기면서 온 나라 백성들을 미혹하였다. 나이가 과년하여도 남편이 없었으며 남동생이 여왕이 다스리는 나라의 일을 보좌하였다.

왜국의 여왕 히미코와 구노국의 남자 왕 히미쿠호는 서로 사이가 좋지 않았다. 히미코가 사망하자 무덤을 만들었는데 직경이 100보나 되었으며 노비 100명 이상이 순장되었다. 히미코 뒤를 이어 남자 왕을 세웠으나, 나라 사람들이 복종하지 않고 서로 싸우고 죽여 그때 죽은 사람이 1천여 명이 되었다. 그리하여 히미코의 종녀인 열세 살의 일여를 세워 왕으로 삼았더니 나라 안이 다시 안정을 찾았다.

또한 『삼국지』에 나오는 여왕국은 야마일(邪馬壹)국으로 표시되었으나, 이후에 나온 『후한서』「왜전」, 『양서』「동이전」에서는 끝 글자를 야마다이(邪馬臺)국이라 다르게 표기하여 일본의 고대사는 '야마다이'국으로 통일하여 쓰고 있다. 야마일국과 야마다이국의 표기가 고대 중국 사서에 다 기록이 되어 있으니 어느 것이 옳고 어느 것이 틀린 것이라고 이야기하기는 어렵지만 각각에 따라서 해석이 많이 달라져서 지금까지도 논란이 되고 있는 내용이다.

현재까지 야마다이(邪馬臺)국의 위치가 정확하지 않아 규슈라는 설과 오사카가 있는 지역인 킨키(近畿) 야마토(大和)설이라는 2가지 설이 논쟁을 벌이고 있다. 그런데 규슈의 사가 현의 요시노가리(吉野ヶ里)유적이 1988년 발굴되면서 일본 최대급의 환호 집락 및 대규모 옹관묘 등과 역사상으로 중요한 유물 등도 많이 나와 이곳이 고대의 야마다이국의 지역이라는 많은 주장이 나오고 이 지역을 잘 발굴 보존하여 두고 있다. 『삼국지』「위서 동이전 왜인조」의 야마다이국의 위치와 관계없이 요시노가리 유적 출토물에는 김해 대성리에서 발굴된 파형동기(巴刑銅器)와 같은 유물과 가야 관련 유적이 출토되어 우리가 또 관심을 가지게 된 곳이다.

요시노가리 유적에서 발굴된 것 중에 특이한 것은 파형동기(巴刑銅器)를 만들어내는 주형이다. 또한 고대 유물 중에 북부 규슈를 중심으로 하는 일본 서부는 주로 동검, 동모를 개인이 소유했던 것을 발굴에서 볼 수 있으나, 긴키 지방을 중심으로 하는 일본 동부는 동탁을 마을에서 공동으로 소유하고 있었다는 것을 알 수 있고, 파형동기도 마을에서 공동 소유했던 가능성이 많다는 연구가 이루어지고 있다. 파형동기는 야요이 시대 유적 및 고분 시대의 고분에서도 많이 출토될 뿐 아니라 한반도 남부에서도 출토되고 있다. 그 모양을 찍어 내는 주형이 출토된 요시노가리 유적이『삼국지』「위서 동이전 왜인조」에 주술과 종교에 의해 지배하고 있었던 야마다이국과 관련지어 커다란 중심이 된 지역은 아닌지 추측해 본다.

규슈국립박물관에서 개최한 야마다이국의 위치설에 대한 강연회

한국에서도 2007년 국립중앙박물관에서 '요시노가리(吉野ヶ里), 일

본 속의 고대 한국'이라는 제목으로 요시노가리 유적에서 출토된 유물이 포함된 기획전이 개최되기도 하였다. 한반도의 고대 철기 유물 등과 요시노가리 유적 출토 유물들을 비교 전시하여 유사성을 많이 확인할 수 있는 기간이었다. 대부분 지리적 위치에 따라 대륙에서 한반도로 그리고 일본 열도로 많은 유물이 전파된 것으로 생각하고 있으나, 일본의 제사용 청동기는 경남 김해의 양동리 고분에서 출토되는데 실전에서 사용되기보다 제사용으로 제작된 것을 한반도에 들여온 것으로 보이는 것과 일본에서 출토된 동 거울과 경북 영천 어은동에서 출토된 동 거울은 크기와 모양이 일치하여 동일한 주형에서 만들어진 것으로 추정되는 등 고대에도 한반도와 요시노가리 유적군을 살펴볼 때 활발한 교류가 있었음을 잘 보여주고 있었다.

요시노가리 유적지는 현재 요시노가리역사공원으로 만들어 일본 인구의 10% 이상이 다녀갔다고 할 정도로 일본에서 관심이 많은 지역이다. JR나가사키혼센(長崎本線)의 요시노가리공원역에서 내리면 된다. 이 공원은 야요이 시대에 제사와 정치를 행했던 건물과 창고, 지배자 계층의 집락, 횡혈식 주거지, 고대 시절의 성루 등을 만들어 놓고 그 당시의 사람들의 생활상을 체험할 수 있도록 공방도 만들어 놓았으며, 발굴된 옹관묘들과 옹관묘 안에서 발견된 청동 검 등의 유물들이 전시되어 있다.

요시노가리 유적지는 1986년 이후 지금까지도 계속 발굴이 이루어지고 있으며, 한반도와의 교류를 알 수 있는 많은 유물들이 출토되었다. 앞 장에서도 설명한 이타쯔게(板付)유적, 나바타케(菜畑)유적 등과 같이 벼농사 생활상이 한반도를 통한 유입으로 일본 규슈 지역을 포함한 일본 고대 사회에 큰 변화를 가져온 것 등을 볼 수 있다. 또한 오래전에 일본의 NHK 방송에서 방영한 다큐멘터리 프로그램에서는 야마다이국의 히미코(卑彌呼)가 한국의 무당을 유래로 하고 있다는 내용을 본 적이 있다. 좀 더 깊이 들어가 찾아보면 한국과 일본의 많은 것들이 다양한 모습으로 유사한 것을 볼 수 있을 것 같다.

3장

한반도와 대륙의 외교 통로
후쿠오카福岡 다자이후
주변 지역을 가다

1.
백제 멸망 후 백제 유민들이 만든
미즈키유적水城跡,
오노산성유적大野山城跡

규슈는 『삼국지』 「위서 동이전 왜인조」에 나오는 말로국, 이도국, 노국, 야마다이국 등의 시기를 지나 9개 국가와 3개 섬으로 이루어진다. 당시의 9국3도는 치쿠젠(筑前), 치쿠고(筑後), 부젠(豊前), 분고(豊後), 히젠(肥前), 히고(肥後), 휴가(日向), 오오스미(大隅), 사츠마(薩摩)의 9국과 이키(壱岐), 쓰시마(対馬), 다네(多禰) 3도이다. 앞으로 탐사하는 지역들이 위의 고대 이름으로 많이 나오는 것을 볼 수 있게 된다.

규슈 북부 지역은 한반도와의 역사적인 기록이 위의 시기를 지나가면서 많이 나타나지 않다가 한반도의 삼국통일 전쟁에서 백제의 부흥운동 시기에 구원군 파견과 백제 멸망으로 신라와 당나라의 침입을 대비하는 사건들에 관한 기록이 세밀하게 『일본서기』 등에 나타나고 있다.

후쿠오카 시내에서 전철 니시테쯔텐신오무타센(西鉄天神大牟田線), JR가고시마혼센(鹿兒島本線)을 타고 가다 다자이후(太宰府)에 못 미쳐서 흙으로 쌓은 성이 있는 미즈키유적(水城跡)과 그 옆으로 오노산성(大野山城)유적이 남아 있고 전철 역으로도 오노죠(大野城) 역, 미즈키

(水城) 역을 볼 수 있다.

미즈키유적(水城跡), 오노산성유적(大野山城跡), 치쿠젠국분사(筑前国分寺)유적, 다자이후 시(太宰府市) 분카후레아이관, 칸제온지(観世音寺), 다자이후정청유적(太宰府政庁跡), 다자이후텐만구(太宰府天満宮) 등으로 이어지는 경로는 '규슈의 자연보도, 역사산책도'로 잘 정비되어 있어서 산책하면서 자연과 역사를 느끼기에 아주 좋은 장소인 것 같다.

야마토 정권이 660년 신라, 당나라에 침공당해 멸망한 백제를 구원하기 위해 구원군을 보냈으나 백촌강에서 대패하였다. 664년 미즈키유적(水城跡)은 백제 멸망 후 일본은 당나라와 신라의 공격에 대비해 다자이후(太宰府)의 방비를 강화하기 위해 후쿠오카 평야와 쓰쿠시 평야에 걸쳐 가장 좁은 장소에 토성을 쌓은 곳이다. 10m 정도의 높이, 80m 정도의 폭으로 1.2km의 길이에 걸쳐진 규모이다.

후쿠오카 시내에서 미즈키(水城) 쪽을 바라보면 왼쪽에 오노성이 있고 오른쪽에 기이성이 있다. 그사이 가장 좁은 곳을 연결하여 흙으로 성을 쌓아 놓아 그 뒤쪽으로 침략하기에는 쉽지 않은 방어벽인 것을 실감할 수 있게 만들어져 1,300여 년이 지난 지금도 견고해 보인다.

『일본서기』에 텐지천황 664년에 '쓰쿠시에 제방을 쌓고 물을 저장하였다. 이를 미즈키(水城)라 부른다'라고 기술하고 있다. 또한 665년에 시오지 산(四王寺山)의 산 정상에 전장 8km의 성벽을 만들어 비상시에 사용하려 한 오노 성(大野城)에는 병법에 능한 백제 귀족의 지휘하에 백제의 기술이 활용되었기 때문에 백제식 산성이라고 불린다는 등의 내용이 『일본서기』에 기록되어 있어서 바로 옆의 미즈키(水城)의 축조에도 백제의 방위 사상과 구축 기술이 도입되었다고 생각한다고 '미즈키(水城)유적 안내서'에 기술되어 있는 것을 볼 수 있다.

미즈키(水城)유적은 당, 신라의 공격에 방어용으로 사용되지는 못했다. 당초의 역할을 하지는 않았으나 600년 후 가마쿠라 시대에 몽고군과 고려군이 후쿠오카의 하카타 만으로 공격해 들어왔을 때 막부군은 미즈키(水城)까지 후퇴하고, 이때 효과를 보게 된다.

미즈키(水城)와 오노산성은 한강변의 풍납토성이나, 공주 공산성 등 백제성 축조에 주로 사용되었던 판축기법이 이용된 것으로 확인되고 있다. 한성백제 박물관의 로비에 크게 전시하고 있는 풍납토성의 성벽 단면을 일부 떼어내 이를 전시 연출하고 있는 모습을 볼 수 있듯이 오노산성도 8㎞에 이르는 성벽 중 많은 구간을 이런 모습으로 축조한 것을 생각하니 이 축조에 참여한 백제인들의 기술도 대단했다. 뿐만 아니라 당시 일본이 신라, 당나라 연합군에 패한 후 그 공포감으로 이를 대비해야겠다는 생각에 수많은 인력과 오랜 기간에 걸쳐서 만들어 놓은 산성이 지금까지 일본에 남아있는 것을 보니 한일 관계에 관련된 것들을 보다 많은 관심을 가지고 살펴봐야겠다는 생각이 든다.

지금은 두 개의 전철 노선이 이곳을 횡단하여 규슈 다른 지역으로 달리는 것을 보면 여전히 주요한 교통 거점 지역임을 알 수 있다. 미즈키(水城)의 전체 1.2㎞ 중 많은 구간이 옛 모습으로 남아있고, 미즈키(水城) 앞뒤로 물이 들어가 있는 해자의 모습과 관련된 유적들도 남아 있다. JR미즈키(水城) 역 근처에는 후루사토미즈키(水城)유적공원과 한성백제박물관의 크게 전시하고 있는 풍납토성의 성벽 단면을 일부 떼어내 이를 전시 연출하고 있는 모습과 같은 토벽 전시와 설명을 살펴볼 수 있다. 이 주변의 경치도 감상하며 산책하면서 이곳에서 살던 수많은 백제 유민들의 모습을 생각해 보는 것도 의미가 있어 보인다.

또한, 774년에는 오노산성에서 신라에 대항하기 위해 사천왕상(비사문천, 광목천, 증장천, 지국천)을 만들어 기도드렸다는 기록이 있다. 그것은 시오지(四王寺)라 불리고 그것이 시오지 산(四王寺山)이란 이름의 유래가 되었다고 한다. 한반도와 일본과의 관계는 끊임없이 다양한 형태로 유지되어 왔음을 볼 수 있다.

미즈키유적(水城跡)에서 다자이후(太宰府) 방향으로 가다 보면 코쿠부(国分) 지구가 있다. 이곳에 치쿠젠코쿠부사(筑前国分寺)유적과 치쿠젠코쿠부니사(筑前国分尼寺)유적을 볼 수 있다. 이곳은 야요이 시대 유적, 나라, 헤이안 시대의 유적도 주변에 있으며, 출토된 목간에 따르면 아스카 시대에 치쿠젠코쿠(筑前国)의 중요한 장소여서 이곳에 코쿠부사(国分寺), 코쿠부니사(国分尼寺)가 설립된 것으로 알려진 곳이다.

치쿠젠코쿠부사(筑前国分寺)유적은 나라 시대에 불교를 크게 유행시킨 쇼무천황 때(741년)에 건립되었는데 그 당시 일본에는 지진이나 기후 불량으로 흉작, 천연두 유행 등으로 많은 사람이 고통을 당하고 있었던 것뿐만 아니라 한반도의 신라와 관계가 악화되는 등 불안하여 국가 평안을 위하여 주요 지점에 코쿠부사(国分寺), 코쿠부니사(国分尼寺)를 설립하도록 명하여 규슈 지역의 여러 곳에 구축되었다. 또한, 관광객들이 많이 찾아가는 대불로 유명한 나라의 동대사를 전국의 코쿠부사의 중심으로 했다고 한다.

이 절의 가람 배치 중앙에는 금당, 북측에는 강당, 남동의 한 측에 칠층 탑, 남측에 남문, 중문이 배치된 구조이다. 현재 거대한 침초석만이 남아있는 것을 볼 수 있다. 치쿠젠코쿠부사(筑前国分寺)유적의 동쪽에 있는 분카(文化)후레아이관(館)에는 10분의 1로 축소된 크기의

7층 탑 복원 모형이 있다. 인근에 있는 치쿠젠코쿠부니사(筑前国分尼寺) 유적도 치쿠젠코쿠부사(筑前国分寺)와 같은 시기에 건립되어 현재는 2개의 초석만 남아 있다.

미즈키유적(水城跡)과 치쿠젠코쿠부사유적(筑前国分寺跡) 이정표

규슈에는 코쿠부사, 니사(国分寺, 尼寺)유적이 여러 군데 있다. 고대에 규슈에 있었던 소국에는 다 만들어졌던 것 같다. 대표적인 곳이 앞에서 언급한 치쿠젠유적이 있고, 히젠(肥前) 코쿠부사(国分寺), 니사(尼寺), 분고(豊後) 코쿠부사(国分寺), 니사(尼寺), 오오스미(大隅) 코쿠부사(国分寺), 니사(尼寺) 등이 흔적을 남기고 있다.

히젠(肥前) 코쿠부사(国分寺), 니사(尼寺)는 규슈 사가(佐賀) 시에 있으며 전국의 고쿠부사 중 최대 규모이다. 같은 지역에 서로 붙어 있다.

분고(豊後) 코쿠부사(国分寺), 니사(尼寺)는 규슈 오이타(大分) 시에 있으며 일대는 사적 공원으로 지정되어 있고, 인근에 오이타시역사박물관이 있다. 10분의 1로 축소된 7층 석탑이 자료관 홀에 전시되고 있다.

또한 오오스미(大隅) 코쿠부사(国分寺), 니사(尼寺)는 남부 규슈 기리시마시 아래쪽의 하야토쯔가(隼人塚)가 있는 하야토(隼人)족의 고대 근거 지역에 있으며, 인왕상과 다중석탑 등이 남아 있다.

다자이후 시(太宰府市) 분카(文化)후레아이관(館)

인근에 있는 다자이후 시(太宰府市) 분카(文化)후레아이관(館)은 위에 언급한 '역사산책도'를 산책하는 사람들이 역사를 느끼면서 쉴 수 있는 공간을 제공하고 다자이후(太宰府) 주변의 문화 역사에 대한 관계 자료를 관찰, 습득할 수 있도록 많은 자료와 함께 필요한 내용을 제공하고 있는 곳으로 이 고대 산책로를 산책하는 경우이면 한번 들러 필요한 자료를 습득해도 좋을 것이다.

차도가 아닌 '역사산책도'의 조그마한 골목길을 따라 다자이후정청 유적지로 가는 길에 사카모토하치만(坂本八幡)신사가 있다. 이 신사는 오진천황을 제신으로 하고 있으며 이 주변에는 예전에 다자이후의 장관의 저택이 있었다는 곳도 있는 등 한적하고 조용한 평지 지역이라 산책하기에 좋은 지역이고, 조금 더 골목 길을 따라 내려가면 시오지 산(四王寺山) 밑으로 일본의 고대 궁궐 전각들이 빼곡하게 세워져 있었을 것 같은 분위기의 다자이후정청 유적지가 광활하게 펼쳐져 있는 것을 볼 수 있다.

2.
신라 통일 후 한반도와의
외교 지역
다자이후정청유적太宰府政庁跡

　후쿠오카 시내에서 남쪽 내륙 쪽으로 가다 보면 오노산성이 있는 시오지 산(四王寺山) 뒤쪽에 다자이후 시(太宰府市) 중심부에 넓게 펼쳐진 공간이 있다. 이곳이 백제, 일본군이 백촌강 전투에서 신라, 당 연합군에 패한 후 미즈키(水城)를 쌓은 지역 인근에 일본 정부가 관리하는 지방 관청이 있었던 지역으로 일본의 아스카, 나라, 교토 시대에 규슈 지방의 지배뿐만 아니라 중국과 한반도와의 외교 창구로서의 역할도 했던 다자이후정청(太宰府政庁)이 있던 유적지이다.

다자이후정청(太宰府政庁) 유적

고대 다자이후(太宰府)는 일본의 대외적인 역할, 군사적인 역할의 일단을 담당하고 있었고 앞에서 설명한 9국3도라고 하는 규슈 지역을 통할하는 관내 지배라고 하는 역할을 갖고 있었다. 다자이후(太宰府)는 당시 최대의 지방 관청으로서 규슈 지역을 통할하고 있었기 때문에 규슈에 있었던 나라들은 다자이후 관내제국이라고 불릴 정도로 그 영역이 규슈 전체에 미치는 큰 관청 조직이었던 것 같다.

일본에서 '하쿠손고우(白村江)의 전투'라고 알려진 거대한 전투가 7세기에 한반도에서 일어난다. 한일 관계 역사의 새로운 획을 그은 내용이라 좀 더 깊이 있게 알 필요가 있어 관련 기록의 내용을 살펴본다.

660년 7월 신라, 당나라 연합군과의 전투에서 백제는 멸망한다. 일본은 구원군을 보내기로 하고 사이메이천황이 나라 지역에서 규슈까지 온다. 그러나 규슈에서 4개월 후 사이메이천황은 사망한다. 그 이후에 황태자인 중대형 황자(후에 덴지천황이 됨)가 전군을 지휘한다. 9월에는 백제왕자 풍장이 백제로 돌아갈 때 5천 명의 병사를 호위해서 보내고, 663년에는 27,000여 명의 증원군이 파견된다. 그것에 대응해서 당나라도 7,000여 명의 증원군을 보낸다. 결국 8월 말 양국은 백촌강에서 충돌한다. 사서에는 4백여 척의 배가 불타고, 강은 피로 붉게 물들었으며 익사자가 너무 많았다고 기술되어 있다. 일본은 대패하고 백제 부흥은 완전히 실패했다.

후쿠오카에서 다자이후(太宰府)로 가는 길은 니시테쯔(西鉄) 텐진오무타센(天神大牟田線)을 타고 가다 후쯔가이치 시(二日市) 역에서 다자이후(太宰府)선을 갈아타고 가면 되는데, 가는 중 미즈키(水城)에 못 미쳐 앞쪽에 시라기바루(白木原)라는 역과 마을이 있다. 시라기는 일본어로 신라를 말하는데 이곳에 신라 벌판이라는 지명이 있는 게 흥미롭다고 앞에 언급한 바 있다.

이곳은 앞에서 설명한 미즈키(水城), 오노산성을 포함하여 방위의 역할을 하고 있었던 중요한 곳이었다. 지금은 넓은 공간에 건물 초석, 계단, 비석 등만 남아 있었지만 거대한 규모로 볼 때 당시에는 이 지역이 중심 역할을 한 곳일 거라는 느낌이 든다.

신라, 당나라가 바다를 건너 후쿠오카 쪽으로 침입할 때를 대비하여 다자이후(太宰府)는 미즈키(水城), 쇼미즈키(小水城), 오노(大野) 성, 기이(基肄) 성 등으로 주위의 자연과 함께 방어하는 형태로 이루어져 있다. 사실, 오노(大野) 성, 기이(基肄) 성은 백제 망명 관인들에 의해 축성되었다고 사서에 기록되어 있다는 것을 앞에서 언급하였다. 그래서 그것들은 백제식 산성, 조선식 산성이라고 불리고 있는 것이다. 이곳 외에도 대마도의 카나타(金田) 성으로부터 북부 규슈, 세토 내해를 지나면서 다카야스(高安) 성까지 조선식 산성이 일본을 지키는 방어망으로서 곳곳에 축조되어 있는 것을 알 수 있다.

7~8세기에 다자이후는 당나라, 신라, 발해 등과 외교 창구 역할을 담당했다. 견당사, 견신라사 등이 출항, 입경 시 이곳에서 체재하기도 했다.

발해와 일본의 교류에 대하여 더 구체적인 내용을 알아보고자 한다. 발해는 고구려를 후계하는 나라로서 698년 건국되었으며 통일신라와는 교류는 많지 않았으나 의외로 일본과의 교류는 727년에 일본에 온 것을 계기로 34회나 일본을 방문한 것으로 기록에 남아있다. 발해가 일본으로 들어간 지역은 다자이후 지역뿐만 아니라 일본 해안 전 해역에 걸쳤다. 처음에는 일본과 함께 당나라와 신라를 견제하는 목적으로 파견된 견사가 있었으나 그 이후 문화교류와 교역이 활발했다.

다자이후텐만구에 학문의 신으로 모시고 있는 스가와라노미치자네(菅原道真)를 포함하여 문인들과 발해사절 일행과의 한시 교환의 내용이 『스가와라가문초(菅家文草)』 등에 기록되어 있다고 한다. 또한, 사카타테라(坂田寺)유적에서 출토된 발해3채(渤海3彩) 등의 발해의 유물도 일본에서 출토되고 있다. 한반도의 한 역사를 이루었던 발해에 대하여 우리나라에 기록 및 유적이 많지 않은 데 일본의 여기저기에 발해와 교류 관련한 유적이 많이 남아있어 우리가 발해를 이해하는 데 도움이 되고 있다.

또한, 신라와의 교역도 빈번하게 이루어져 신라의 문물도 많이 남아있다. 금박압 신라 가야금(金薄押新羅琴, 정창원 보물), 사파리 수저(佐波理匙, 정창원 보물), 황동제 숫가락(匙), 젓가락(箸)(三宅廢寺 출토: 후쿠오카), 신라 도자기 뚜껑(蓋, 鴻臚館遺跡: 후쿠오카), 사파리그릇(佐波理加盤, 정창원 보물), 도자기연적(후지와라교 출토, 나라문화재연구소), 묵(정창원 보물) 등이 있다.

인근의 건물유적에서 신라의 도기, 사파리, 당나라의 청자와 백자, 일본의 나라 삼채 도자 등이 나왔는데 출토품들은 각국을 대표하는 고급품이고, 각국의 여러 유물이 출토되는 것으로 봐서 외국 사절의 식사와 숙박을 제공하는 '객관'으로 알려진 곳도 있었던 것으로 보인다.

다자이후정청(太宰府政庁) 유적지는 시오지 산(四王寺山) 밑의 넓은 공간에 주춧돌만 남아있고 뒷쪽에 몇 개의 비석들이 세워져 있고 주변은 잔디로 덮여 있어 옛 건물 등의 모습을 찾을 수 없었다. 관광객들도 있지만 주로 지역 주민들이 모여 평화로운 분위기로 담화를 나누고, 운동하고, 산책하는 등 여유로운 공간으로 남아 있었다.

다자이후(太宰府) 전시관

다자이후(太宰府) 전시관은 다자이후정청(太宰府政庁) 유적지 바로 옆에 있다. 발굴 조사에서 나온 유구의 일부를 보존 공개하고 다자이후(太宰府)의 역사를 소개하고 있다. 인근에는 역사적 유래가 있는 유적지가 산재해 있어 백제 멸망 후 이곳으로 이동해온 백제 유민들과 관련 있어 보이는 지역들을 산책하면서 내용을 살펴봐도 좋은 지역이다.

또한 이곳에는 만요가비(万葉歌碑)가 많이 산재되어 있다. 『만요슈(万葉集)』의 대표적 가인(歌人)인 오오토모노타비토(大伴旅人), 야마노우에노오쿠라(山上憶良) 등이 다자이후(太宰府)에 부임하여 이 부근의 저택에 살면서 많은 만요가(万葉歌)를 남긴 것들을 비(碑)로 만들어 전시하고 있다.

『삼국유사』에 수록되어 있는 신라 시대의 향가는 글은 한자로 엮어져 있는데 한시(漢詩)는 아니고 한자를 이용해서 우리 옛말로 적은 것이다. 고대에는 글자가 한자밖에 없었으므로 한자를 이용해서 우리말을 표현했다. 이것을 향찰(鄕札), 이두(吏讀) 표기라고 불러오고 있는 것을 우리는 알고 있다.

일본에서도 우리 신라의 향가처럼 한자로 쓰여 있으나 한시는 아닌 고대 가요를 4,516수나 모은 노래집이 『만요슈(万葉集)』라는 이름으로 남아 있다. 이 고대 가요는 한자의 음독과 훈독을 적절히 조합하여 가요를 표기했다. 일본어로 해독이 안 되는 것들이 많이 생기고 삼국시대 우리말로 해석하니 뜻이 잘 전달되는 가요들도 많이 보이는 등 지금도 계속 해독이 이루어지는 영역이기도 하다. 그때 이곳에서 지어진 만요 가요들이 이 부근에 많이 남아 있다는 것이고, 이를 잘 살펴볼 수도 있는 곳이다.

그 당시의 고대 일본과 한반도는 긴밀한 관계를 가지고 있었고 사용하던 단어들도 많은 부분을 서로 공유하면서 사용하였다고 생각할수 있어 지금 많이 남아있는 만요슈의 가요들을 통해 한일 관계의 새로운 면을 찾아볼 수 있을 것이라 본다.

이 지역에 남아있는 만요의 노래는 중국과 관련된 것도 많으나, 만요슈(万葉集) 권15에 수록되어 있는 신라로 갔던 사신이 쓴 노래는 가장 오래된 기행문학으로 남아있다고 안내하는 등 한반도 관련 내용도 이 다자이후 땅에서 고대에 만들어졌다는 것이 지금도 기록으로 남아 있다.

오오토모노타비토(大伴旅人)의 만요가비(万葉歌碑)

오오토모노타비토(大伴旅人)와 관련하여는 오오토모(大伴) 씨 가문 중에 한국과 관련 있었던 인물이 두 명이 있다. 앞에서 기술한 오오토모사데히코(大伴狹手彦)와 오오토모가나무라(大伴金村)이다.

오오토모사데히코(大伴狹手彦)는 537년 신라가 백제 및 임나를 침공했을 때 임나를 구원하기 위해 한반도에 파견되면서 가라쯔 지역에 잠시 주둔 시 이 지역 유지의 딸 사요히메와 사랑하는 사이가 되는 등 사요히메(佐用姬)신사의 이야기에서 기술하였었다.

오오토모가나무라(大伴金村)에 대한 기록은 『일본서기』에 나온다. 540년 킨메이(欽明)천황은 임나에 공격을 강화하고 있는 신라를 토벌할지 여부에 대한 조정 회의를 한다. 그때 신라 토벌에 대해 반대 의견이 우세했다. 그 이유는 게이타이(継体)천황 때 오오토모가나무라(大伴金村)가 추진했던 임나 4현의 백제 할양 때문이었다.

당시 백제가 고구려를 공격하는 등 강성한 세력을 유지할 때 왜는 백제와의 관계를 위하여 왜가 관리하던 임나 4현을 백제에게 주었다는 것이다. 그 후 백제가 가야제국의 하나였던 대가야와 전쟁이 있었고, 왜는 백제 측에 원군을 보냈다. 이전에 좋은 관계였던 대가야와는 적대 관계가 되어 버린 것이다. 그래서 임나는 신라와 가까운 관계를 맺게 되고 한반도에 대한 왜의 전략은 실패로 끝났다는 것이다. 이러한 배경에서 백제에 임나를 할양했던 왜는 신라를 적국으로 보고 있기 때문에 이러한 깊은 한이 있는 상태에서 토벌은 용이하지 않다는 등의 토론이 있었다는 것이다. 그 이후에 위의 이유 등으로 탄핵당한 오오토모가나무라(大伴金村)는 현직에서 은퇴한다는 내용 등이다.

한반도와 관련 있는 오오토모(大伴) 씨를 몇 명 살펴보았는데 과연 오오토모(大伴) 씨의 조상은 누구인지 일본 사서에는 어떻게 나와있고 실제 누구인지 알아볼 필요가 있겠다. 『고사기』, 『일본서기』에 의하면 천손강림신화에서 아마테라스오오카미의 손자인 니니기노미코토가 고천원으로부터 땅으로 내려올 때 아메노오시히노미코토(天忍日命)가 무장하고 선도하였다고 기록되어 있다. 그리고 아메노오시히노미코토(天忍日命)가 오오토모(大伴) 씨의 오래된 조상이라는 것이다. 오오토모(大伴) 씨의 활약은 역사서에 많이 남아 있는데 많은 병사를 통솔한다든지, 궁정을 수비한다든지, 지방의 정복이나 반란의 진압과 5~6세기에는 한반도와의 외교 교섭에서도 활약하고 군사적 측면에서 천황가를 지원한 것으로 나온다.

앞 장에서도 일본에서 '우가야'로 읽어지는 대가야 세력이 고천원이라고 하는 고령지방을 떠나 한반도 남부지방에 있는 해상 팔국의 협조하에 규슈 북부의 하카타에 넘어와 노국를 세운 것이라고 생각되는 것을 『고사기』, 『일본서기』에 천손강림이라는 기록으로 남긴 것이라고 보여지는데 그 천손을 호위하여 온 오오토모(大伴) 씨의 조상인 아메노오시히노미코토(天忍日命)도 같은 지역 대가야에서 온 사람으로 볼 수 있을 것이다.

또한, 『일본서기』 스이닌천황 2년 기록에 대가야국 왕자 아라시도(阿羅斯等)에 관한 이야기에 대한 기록이 있다. 오오토모(大伴)씨의 조상이 아라시도(阿羅斯等)라는 연구도 있어 여러 가지로 오오토모(大伴)씨는 한반도와 아주 깊은 연관이 있는 씨족임을 알 수 있다.

스진천황 때에 이마에 뿔이 난 사람이 일본의 한 해안에 들어왔다. 그래서 그곳을 쓰루가라고 한다. "어느 나라 사람인가"하고 물으니 의부가라(대가라)의 왕자 쓰누카아라시도(都怒我阿羅斯等)라고 하였다. 일본에 성황이 계신다 하여 찾아왔다는 것이다. 혈문(穴門)에 왔을 때 이도도비고(伊都都比古)라는 사람이 있었다. 그들에게 "나는 이 나라의 왕이다. 나를 빼고는 두 왕이 없다. 그러므로 다른 곳으로 가지 마라"라고 하였다. 그러나 사람됨을 보니 그가 왕이 아니라는 것을 생각하여 길을 떠났다. 길을 잘 몰라 이즈모를 거쳐 이곳에 도착하였다고 한다. 이에 천황이 붕하여 이곳에 머물러 스이닌천황을 섬겨 3년을 보냈다. 천황이 쓰누카아라시도(都怒我阿羅斯等)에게 "그대의 나라에 돌아가고 싶은가" 하고 물으니 "몹시 돌아가고 싶습니다"라고 대답하였다. 천황은 쓰누카아라시도(都怒我阿羅斯等)에게 말하기를 "그대가 길을 잃지 않고 빨리 왔었으면 선왕도 뵈었을 것이다. 그러니 그대 나라 이름을 스진천황의 이름(御間城天皇)을 따서 그 나라 이름으로 하라"라고 하였다. 그리고 붉은 비단을 주어 본국으로 돌려 보냈다. 신라인이 그것을 알고 군사를 일으켜 그 비단을 모두 빼앗아 가 버렸다. 이것이 두 나라가 서로 원망하는 시초라고 한다.

일서(一書)에 의하면, 쓰누카아라시도(都怒我阿羅斯等)가 제 나라에 있을 때 황우를 잃어버렸다. 발자취를 좇아 찾아갔더니 어느 집으로 들어간 것을 알았다. 그런데 한 노인이 말해 주기를 "네가 찾는 황우는 이곳에 있다. 그런데 이곳의 사람들이 이 소를 잡아먹어 버렸다. 그리고 그 사람들이 말하기를 이 소는 잡아먹어도 된다고 하면서 혹시 주인이 오면 대신 원하는 물건을 주면 된다고 했다는 것이다. 그 노인은 이 사람들이 원하는 것을 물으면 재물은 싫다 하고 이 마을에서 제사 지내는 신을 얻고 싶다고 해라"라고 하였다. 이때 사람들이 와서 원하는 것이 무엇인지를 물으니 쓰누카아라시도(都怒我阿羅斯等)는 그 노인이 말 한대로 하였다. 그랬더니 그들은 제신으로 모시던 백석을 주었다. 이 백석을 갖고 와서 집에 두니 아름다운 여인으로 변해 그 여인과 혼인하였다. 그런데 그 여인이 일본으로 사라져 버렸다. 쓰누카아라시도(都怒我阿羅斯等)는 그 여인을 찾아 일본으로 찾아간다.

위의 내용 등의 이야기가 『일본서기』에 기록되어 있는데 앞에서 이 도국을 설명할 때 언급한 천일창의 이야기도 『일본서기』에 1년 후의 기사로 기록되어 있는 것을 볼 수 있다. 비슷한 이야기지만 여러 형태로 일본에 들어가 정착한 한반도 관련한 내용들과 그 후예들이 일본 내에서 다양한 형태로 기여하면서 시간이 흘러왔을 것이다.

8세기에 작성된 일본 사서에 기록된 내용이 정확한지는 더 많은 연구가 필요하겠지만, 고대부터 한국과 일본의 수많은 관련 내용은 진실, 허위 여부를 떠나서 어떤 내용이 일본 사서에 기록되어 있는지는 알고 관심을 가질 필요는 있겠다.

일본에서 가장 오래된
한국풍의 범종이
있는 칸제온지觀世音寺

　칸제온지(觀世音寺)는 다자이후정청 유적지에서 다자이후텐만구로 가는 도로 옆으로 시오지 산(四王寺山) 주변의 울창한 숲 속에 있다. 『속일본기』에 '삼국 통일 전쟁 시 망해가는 백제 구원을 위해 규슈까지 직접 와서 지휘하다 사망한 사이메이천황을 추도하기 위해 아들인 덴지천황의 발원에 따라 건립되었다. 80여 년이 걸려 746년에 사원이 완성되었다.'고 기록되어 있는 한반도와 관련 있는 오래된 절이라 더 관심이 쏠렸다.

칸제온지(觀世音寺)로 들어가는 길

1,300여 년이 지난 지금도 칸제온지(觀世音寺)는 울창한 숲으로 둘러싸여 있고 조용한 분위기의 절이다. 천재나 화재로부터 위기를 피하고 현재까지 잘 남아있는 칸제온지(觀世音寺)는 다른 어떤 절보다도 옛날의 모습을 많이 간직하고 있는 곳이라 그런지 주변의 수목과 경내가 어떤 현대도 가미되지 않은 고풍스러움에 쌓여 있다는 느낌도 들었다. 또한, 이곳은 유래가 깊다 보니 일본의 가장 오래된 소설인 『겐지모노가타리(源氏物語)』에도 등장하고 다자이후텐만구뿐만 아니라 후쿠오카 지역의 여러 곳과 관련된 이야기들이 많이 남아있는 절이다.

　일본에서 698년에 만들어진 가장 오래된 범종이 이곳에 국보로 보존되고 있다. 흥미로운 것은 일본에서 가장 오래된 범종임에도 누각에 매달려 있고 현재도 행사가 있을 때 쳐서 종의 소리를 들을 수 있다고 한다. 그런데 이 종은 일본식의 종이 아니라 신라풍의 종으로 우리나라와 관련 있어 보인다. 이 종은 교토의 묘신지(妙心寺)의 범종과 같은 목형에 의해서 주조된 형제 종이라고 알려져 있다.

　안내판에는 이 종은 일본에서 최고의 종을 만드는 후쿠오카의 가스라 군(糟屋郡) 다다라(多多良)에서 주조하였다고 설명하고 있다. 일본에서 다다라라는 지명은 한일 고대사 관련 지역에 많이 나타나는 지명인데 이 범종을 주조한 것을 명확하게 안내하고 있는 것도 한반도와 관련이 있을 것이라는 생각이 들어 더 흥미로웠다. 그 옆에 5층 탑은 현재 남아있지 않고 심초석만 남아있는 상태이다.

　일본인들은 일본 국내에서 아름다운 것이나 역사적으로 의미가 있다거나 무엇인가 중요하다고 생각하는 것들에 대하여 100대 명산, 해안, 도로, 성, 폭포 등 수많은 것들을 순위를 정해 관리하고 있는

데 이곳에도 '일본의 음 풍경 100선' 인증서를 설치해 둔 것을 볼 수 있다.

칸제온지 범종의 '일본의 음 풍경 100선' 인증 안내판

양호한 음 환경 보존상 특별한 의의가 있어 이곳에 남기고 싶어 '일본의 음 풍경 100선'의 하나로 인증한다. 국무대신 환경청장관

원래는 많은 불상들이 사원(寺院)에 안치되어 있었는데 재해 등으로부터 안전하게 보호하기 위해 1959년에 칸제온지보장(観世音寺宝蔵)을 새로 건립하여 불상들을 보존하고 있다. 현재 이곳에 안치되어 있는 불상들은 모두 중요문화재로 관리되고 있고 서 일본 최고의 불교미술의 전당으로 인정되는 곳이라 감상할 필요가 있어 보인다. 칸제온지보장(観世音寺宝蔵)에는 5m 크기의 마두관세음보살입상, 아미타여래좌상, 지장보살반가상, 사천왕상, 11면관세음보살입상, 길상천상 등이 있고, 현 본존불인 성관세음보살입상, 규슈박물관에 있는 아미타여래입상 등 18개의 중요문화재의 불상이 있다.

칸제온지보장(觀世音寺宝蔵)

또한 재미있는 것은 이곳에 돌로 된 큰 맷돌이 경내에 전시되고 있다. 『일본서기』에는 스이코천황 610년에 고구려에서 온 승려 담징이 처음으로 맷돌을 돌렸다는 기록이 있는 데 이 맷돌이 그 기록에 나오는 맷돌 실물이라고 안내하고 있다. 담징은 한반도와 여러 가지로 관련 있는 나라(奈良)의 법륭사 금당벽화를 그린 승려로 우리나라 역사책에도 나온 유명한 승려인데 이곳에 맷돌 전래와 관련 내용으로 남아 있는 것을 보니 우리가 일본의 어디 지역을 방문하더라도 그 유래를 관심 있게 살펴보면 의외의 내용으로 더 많은 것을 알 수 있을 것 같다.

가이단인(戒壇院)이라는 건물이 경내에 있다. 가이단(戒壇)은 불교에서 정식으로 승려가 되기 위해 수계를 받는 장소이다. 정통한 계율교육, 수계 작법을 전하기 위해 여러 가지 고난을 극복하고 일본에 들어온 당나라 승려 감진(鑑真)에 의해서 754년에 나라의 동대사에서 시작되었다. 그 후에 761년에 칸제온지에 가이단인이 설치되었다. 나라의 동대사, 도치키(栃木)의 시모쯔케야쿠시지(下野藥師寺)와 함께 '천하의 3계단'이라고 불렸다. 이곳에서는 규슈의 비구니 승을 대상으로 수계가 있었다고 기록이 남아있다. 감진화상상, 본존협시, 범종, 종루 등이 남아 있고 본존은 동대사의 로사나불(盧舍那仏)과 같은 불상이다.

인근의 다자이후텐만구(太宰府天滿宮)에 학문의 신으로 모시고 있는 스가와라노미치자네(菅原道眞)가 죽기 전 가까운 절에서 들리는 종소리를 들으며 지었다는 시에 칸제온지가 나온다.

유심히 보면 도부루(都府楼)의 기와가 보이고
자세히 귀를 기울이면
희미하게 칸제온지의 종소리가 들려오네

이 절에는 한반도와 관련된 여러 가지 이야기들이 있는데 생각지도 않았던 의외의 인물을 만나게 된다. 고려 말기 학자이면서 충신인 포은 정몽주의 흔적이 이곳에 남아 있다. 그는 왜구가 극성이던 고려 말, 이곳에 사신으로 파견되어 여러 활동을 하면서 이 절 칸제온지에 묵을 때 두 편의 시를 남겼다. 당시의 이름이 관음사였던 것 같다. 조선 개국 시기에 죽음으로 고려에 충절을 다한 포은 정몽주가 한반도의 절도 아닌 일본의 이 절을 방문하고 거닐었다니. 그 경내를 저자도 걸으면서 사람들은 세월이 지나면서 사라져 가지만 역사, 이야기와 현장은 영원히 남아 감동이 지속되기를 바라는 마음 간절했다.

遊觀音寺(관음사에서)

들판의 절에 봄바람 불어 푸른 이끼 자라는데	野寺春風長綠苔
와서 종일 노느라 돌아갈 줄 모르네	來遊終日不知回
동산 안에 수많은 매화나무 있는데	圓中無數梅花樹
모두가 이곳 스님이 손수 재배한 것이네	盡是居僧手自栽

再遊是寺(다시 이 절에서)

시냇물은 돌을 둘러 푸르게 빙빙 도는데	溪流遶石綠徘徊
지팡이 짚고 시냇물 따라 계곡으로 들어오네	策杖沿溪入洞來
옛 절은 문 닫혀 스님은 보이지 않네	古寺閉門僧不見
지는 꽃이 눈처럼 연못가 누대에 덮여있네	落花如雪覆池臺

4.
규슈 국립박물관,
다자이후텐만구太宰府天満宮

　규슈 국립박물관은 도쿄, 교토, 나라 국립박물관에 이어서 2005년 일본에서 네 번째로 문을 연 국립박물관이다. 이 박물관은 일본의 다른 국립박물관보다 지역적으로 한반도와 직접 교류가 연결되는 지역에 있는 박물관이라 문화교류 전시실이 있어 한반도 및 중국 대륙과 관련된 내용과 아시아 각국의 문화교류 역사에 대한 내용이 많이 보존 전시되고 있다. 이곳 구내서점에는 한일 고대사 관련한 서적이 많이 비치되어 있어 한일 관계사 연구에 도움이 많이 되는 곳이다.

규슈(九州)국립박물관

규슈 국립박물관은 5개 정도 테마로 구성하여 전시하고 있는데 고대부터 현재까지 바다를 통해 주로 외국과의 교류 등이 주로 전시되고 있고 그중 한반도와 긴밀하게 교류한 내용을 많이 볼 수 있다.

첫째, '조몬인, 바다로'라는 테마로 구석기 시대에 독특한 일본의 조몬 문화가 개화하여 바다를 건너 왕래하기 시작했다는 내용이고, 둘째, '쌀을 만난 사람들, 왕이 된 사람들'이라는 테마는 7,000여 년 전에 중국에서 시작된 벼농사 문화가 일본에서 야요이 시대를 넓혀갔고, 금속기가 보급되고 수확이 증가하면서 정치적 권력도 생기게 되고 마을들이 국가 형태로서 중국과 한반도와 교류하면서 세계사에 등장한다는 것이고, 셋째, '율령국가를 향하여'라는 테마로 8세기에 당나라를 중심으로 주변 국가들이 교역하고 있을 때 일본도 견당사를 보내어 선진 제도, 종교, 예술, 문화 등을 도입하면서 발전해 간다는 것이고, 나머지는 해상을 통해 아시아와 서양과 교류하는 내용 등으로 전시하고 있었다.

규슈 국립박물관은 언덕 위에 있는데 니시테츠다자이후(西鉄太宰府) 역에서 내려 바로 올라갈 수 있고, 또 다른 경로는 다자이후텐만구(太宰府天満宮) 경내를 지나 규슈 국립박물관으로 올라가는 입구 에스컬레이터를 타고 가는 방법이 있다.

저자가 2017년 6월 규슈 국립박물관을 방문하였을 때는 '위지왜인전(魏志倭人伝)의 새로운 세계'라는 강연회가 있었는데 두 가지 주제를 다루었다. 첫 번째가 '위지 왜인전을 바르게 읽는다'이고 두 번째는 '이도국과 노국 - 북부 규슈에 있었던 두 개의 국가'였는데 수백 명이 들어가는 강당이 다 들어찰 정도로 많은 관심을 보이면서 진행되었던 기억이 있다.

첫 번째 테마인 '위지 왜인전을 바르게 읽는다'는 야마다이국의 규슈설과 긴키설을 서로 비교하여 설명하였다. 야마다이국의 위치가 불미국(不彌國)에서 남쪽 투마국(投馬國)까지는 수로로 20일이 걸리고, 남쪽으로 여왕이 있는 야마다이국까지는 바다로 10일, 다시 육지로 한 달을 간다는 기록에서 남쪽을 동쪽의 오기로 이해하고 해석했을 때 현재 나라의 야마토 지역이라는 긴키설을 좀 더 강조하는 내용이었다.

두 번째 테마인 '이도국과 노국 – 북부 규슈에 있었던 두 개의 국가'에서는 이도국과 노국의 왕묘의 발굴 노력과 발굴된 부장품 등에 대하여 설명하고, 국가 형성기에 일본 열도의 교류 역사를 설명하는 내용이었다. 앞 장에서 설명한 많은 내용들이 부연 설명되기도 하였다.

이 세미나를 들으면서 『삼국지』 「위서 동이전 왜인조」에서 언급된 규슈의 관련 국가들에 대하여 더 많은 관심을 갖게 되었고 더 깊이 알게 되는 계기가 되었다.

다자이후텐만구(太宰府天滿宮)는 학문의 신 스가와라노미치자네(菅原道真)를 제신으로 모시는 곳이다. 스가와라노미치자네(菅原真公)는 교토에서 우대신까지 높은 직위에 오르는 등 많은 일을 하였으나 음모에 휘말려 이곳으로 좌천되었고, 이곳에 온 지 2년 만인 903년에 59세로 사망하게 된다. 그의 유해를 우마차에 싣고 시오지 산(四王寺山) 쪽으로 가는 중에 갑자기 소가 움직이지 않아 그곳에 매장했다는 이야기가 전래되고 있는데 그곳이 현재의 본전 자리이다. 이렇게 묘소와 신전이 동시에 있는 형태는 일본에는 없는 아주 특이한 모습이라고 한다.

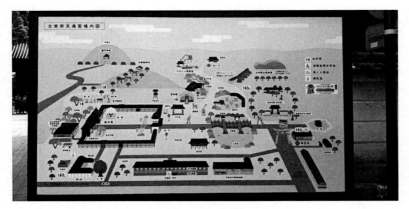

다자이후텐만구(太宰府天滿宮) 경내 안내판

그 후 그는 학문의 신으로 모셔졌다고 한다. 990년부터 텐만구라는 이름이 보이기 시작하고, 그 이후부터 다자이후의 최고 권력자가 텐만구의 제사를 주관했다.

다자이후텐만구(太宰府天滿宮)는 1,100여 년의 역사를 가진 신사로 연간 600여 만 명이 참배하러 모이는 곳으로 일본 전국의 스가와라노미치자네(菅原道眞)를 제신으로 하는 12,000여 신사의 본사이다.

스가와라노미치자네(菅原道眞)는 고대에 도래계 호족으로 유명한 하지(土師) 씨의 후예로 알려지고 있다. 하지 씨의 시조는 일본의 씨름인 스모(相撲)의 조상으로 알려지고 있는 노미노스쿠네(野見宿禰)라는 사람이다.

『일본서기』의 스이닌천황 때에 노미노스쿠네(野見宿禰)는 원래 이즈모(出雲) 사람인데 천황의 명에 따라 야마토(大和)로 들어와 다이마노케하야(當麻蹴速)라는 장수와 일본 최초의 스모를 하였고 그의 허리를 접어 버림으로써 승리하여 그가 다스리던 땅은 모두 노미노스쿠네(野

見宿禰)의 것이 된다. 또한 스이닌천황의 두 번째 황후인 히바스히메가 사망했을 때 노미노스쿠네(野見宿禰)는 고대부터 내려오던 장례 방법으로 산 사람을 함께 묻는 순장제 대신에 하니와(埴輪: 흙으로 만든 사람과 동물 등의 모형)를 넣을 것을 천황에게 진언한다. 그리고 이즈모(出雲)로부터 하지(土師) 100인을 불러 사람, 말 등 여러 가지 형태의 하니와를 제작하여 장례에 사용하자 천황은 이를 아주 기뻐하여 하지(土師)라는 성을 하지무라지(土師連)에게 하사하였다고 한다.

또한, 『일본서기』에 이즈모(出雲)국의 시조인 아메노호히노미코토(天穗日命)은 하지무라지(土師連)들의 조상이 된다고 기록하고 있다. 그리고 『속일본기』에는 하지(土師)의 출자는 아메노호히노미코토(天穗日命)의 14세손인 노미노스쿠네(野見宿禰)라고 기록되어 있어 전혀 모순이 없이 그 출신을 알 수 있다. 이런 인물의 후손인 스가와라노미치자네(菅原道真)를 모시는 다자이후텐만구(太宰府天滿宮)의 유래를 좀 더 알고 방문하면 의미가 클 것이다.

이곳은 니시테츠다자이후(西鉄太宰府) 역에서 내려 기념품 가게들이 양쪽에 늘어선 산도(参道)를 따라 올라가면 된다. 신사 앞에는 신우(神牛)상이 있어 많은 사람들이 뿔을 어루만지기도 하고 사진 찍느라 붐비는 곳이기도 하다. 신사 경내로 들어서서 타이코하시(太鼓橋)라는 다리를 건너가면 오른쪽에 보물전(宝物殿)이 있고 또 하나의 신우(神牛)상을 지나면 본전(本殿)이 나온다. 본전 옆에는 교토에서 스가와라노미치자네(菅原道真)를 연모하여 하룻밤 사이에 날아와서 이곳에 피었다고 하는 매화나무인 도비우메(飛梅)가 살아서 꽃을 피우고 있다. 또한 경내에는 거목이 많이 남아있는데 그 중에도 1,000년 이상 된 나무 2개는 지금도 울창한 모습을 보이고 있다.

다자이후텐만구(太宰府天滿宮) 유래 및 행사 안내판

다자이후텐만구(太宰府天滿宮)에는 스가와라노미치자네가 다자이후 도착 후 신사 앞을 지날 때에 벌들이 날아들어 떼 까치가 먹어버렸다는 이야기가 흥미로운 일화로 전해오고 있고, 스가하라노미치자네가 59세로 사망한 903년 2월 25일을 기념해 매화제를 하고 있다.

본전의 주변에는 스가와라노미치자네(菅原道真)의 스승, 가족 등 가까이에 있었던 사람들을 제신으로 하는 30여 개의 섭사, 말사가 모여 있다. 이 중에 특이한 것은 앞에서 언급한 스가와라노미치자네(菅原道真)의 조상인 노미노스쿠네(野見宿禰)의 비가 있는데 그 앞에 150kg 정도 되는 거대한 돌을 역석(力石)이라는 이름으로 3개를 놓아 두고 힘센 스모의 신을 표시한 것이다. 또 하나는 필총(筆塚)이라는 것인데 거대한 묵 위에 붓을 옆으로 눕혀 놓은 모습이었다. 스가와라노미치자네(菅原道真)가 서도의 대가였던 것을 역사에 남기기 위하여 만들어 놓은 것으로 보인다.

이곳은 학문의 신을 모시고 있는 신사이고 또한, 일본에서 유일한 학문의 신이기에 수많은 청소년들과 학부모들이 상급학교 진학 등을 기원하기 위해 많이 참배하기로 유명한 신사이다. 일본의 신사에 가면 에마(絵馬)라는 나무 패에 기원문을 써서 신사의 정해진 곳에 거치하고 있는데, 이곳에서도 에마(絵馬)에다 많은 사람들이 합격 기원 등의 내용을 쓰면서 기원하고 있는 모습을 볼 수 있다.

우리나라의 제주도, 전라남도 해안가 등 유명 인사의 유배지와 마찬가지로 스가와라노미치자네(菅原道真)의 좌천은 개인적으로는 불행한 일이었지만 다자이후 지역에게는 행운이었다는 생각이 든다. 이 땅은 특별한 곳이 되어 지금까지 많은 사람들이 여러 가지 이유로 찾는 명소가 됐다.

신우(神牛)상은 머리를 쓰다듬으면 지혜가 들어 온다고 하여 많은 사람들이 줄 서서 머리를 쓰다듬고 있었다. 타이코하시(太鼓橋)라는 다리는 한자의 심(心)자를 형상화하여 만든 '심자 호수(心字池)'를 건너도록 만들어져 있는 등 여러 곳에 의미 부여를 해 놓았다.

경내에 있는 보물전(宝物殿)에는 스가와라노미치자네(菅原道真)와 규슈의 유적지 관련 유물들을 전시하고 있었다. 그중에 눈에 띄는 것은 조선 시대 성종 2년 1471년에 신숙주가 저술한 『해동제국기(海東諸国紀)』 사본이 전시되어 있는 것이었다.

이 책은 많이 훼손되어 있던 것을 10개월에 걸쳐 국보 수리하는 전문가들이 복원을 완료해서 전시한다고 안내하고 있었다. 『해동제국기(海東諸国紀)』는 15세기 조선의 신숙주가 일본과 류큐국(현 오키나와)의 국내 사정과 내왕 연혁, 그리고 통행자의 내용 등을 기술한 연구서이다. 이곳에는 치쿠젠(筑前)국의 『小弐殿』, 스오우노(周防)국의 『大內殿』, 분고(豊後)국의 『大友殿』 등으로 조선과 외교를 했던 다이묘(大名: 최고

지도자)의 이름이 기록되어 있다. 그리고 책 안에는 당시의 일본의 지도가 세부적으로 그려져 있는 것도 볼 수 있다.

이 책은 사본이 몇 권 있는 것으로 알려져 있는데 한국보다 일본에 사본이 더 많이 남아있다고 한다. 그중 하나가 이곳에 전시되어 있는 것이다. 이 책은 조선 초기와 일본 무로마치 막부시대의 한일 외교 관계를 잘 알려주는 귀중한 자료이다.

다자이후텐만구(太宰府天満宮) 경내의 보물전(宝物殿)

보물전(宝物殿)에 전시되고 있는 또 하나의 책을 소개하고자 한다. 『칸엔(翰苑)』이라는 책은 중국 당나라에서 660년에 장초금(張楚金)이 서류들을 선별해서 모은 고사본이다. 이것이 다자이후텐만구(太宰府天満宮)에 전래되어 들어와 있다고 안내하고 있다. 책 안에는 삼한, 고구려, 백제, 신라, 왜 등 중국 주변 제국에 대해서 많은 내용이 기술되어 있고, 금인 '한위노국왕'과 야마다이국에 관한 기술도 있는 것을 안내하고 있어 한국과 관련한 중국 서적이지만 이곳에 전시되고 있는 것이 흥미로웠다. 이 책은 중국에는 남아있지 않고 이곳에 있는 것이

유일하여 일본 국보로 지정 보존되고 있다고 한다.

또한, 이곳에는 '텐만구엔기가덴(天滿宮緣起畵傳)'이라고 하는 12폭의 그림이 전시되고 있다. 스가와라노미치자네의 일대기와 텐만구에 대한 여러 상황 등을 그림으로 보여 주고 있다.

본전으로 들어가는 입구 옆에 상상의 동물인 청동 기린상이 전시되어 있는데, 경주의 천마총에서 나온 천마상이 말의 모습이 아니라 기린이라는 설이 많았는데 그 모양과 많이 유사한 것 같았다.

규슈국립박물관에서 다자이후텐만구(太宰府天滿宮)를 통하지 않고 니시테츠다자이후(西鉄太宰府) 역으로 바로 내려가는 길에는 고우묘젠지(光明禅寺)가 있다. 이 절은 고케테라(苔寺)라는 이름으로도 부르듯이 이끼를 육지로, 모래를 바다로 표현한 정원과 돌로 '光'이라는 글자를 만든 돌 정원과 단풍나무 등으로 둘러싸인 아름다운 절이다. 이 절은 13세기 가마쿠라 시대에 건립된 것으로 전해진다. 시간을 내서 한 번 들러보아도 좋을 듯하다.

4장

북부 규슈에 있는
고대 역사

I.
한반도와 또 하나의 해상로에 있는
무나가타대사宗像大社

 한반도의 남쪽 김해에서 일본 규슈로 가는 항로는 『삼국지』「위서 동이전 왜인조」에서 보듯이 고대부터 대마도를 거쳐 남쪽으로 내려가 이키섬을 경유하여 가라츠(唐津)로 가는 경로가 주로 이용되었던 것으로 보이나, 대마도에서 기타규슈시 방향으로 내려가는 항로도 있었던 것 같다. 이 항로상에 오키노시마(沖ノ島), 오시마(大島), 무나카타대사(宗像大社)로 이어지는 일직선상의 항로가 있다.

 '신이 머물고 있는 섬' 무나카타 오키노시마와 연관된 유산군을 유네스코 세계문화유산에 등록하면서 소개했던 내용을 보면 이 지역을 조금 알게 된다.

 일본 열도와 한반도를 연결하는 해역에 장엄한 모습으로 남아있는 오키노시마.
 사람들은 옛날부터 이 섬을 숭경하고 경외스럽게 생각하고 기도하고 봉행해 왔다.
 5백여 년간 이어온 제사의 흔적, 그 이후 1,000년 이상 경과했어도 당시의 모습이 그대로 남아 있다.

국보로 지정된 신에게 바치는 봉헌품은 8만 점에 달한다.

엄격한 금기가 지금도 계속해서 받아들여져 섬에 들어가는 것이 허락되지 않고 있다.

신앙의 장소는 오키노시마로부터 오시마, 그리고 본토의 3개소에 넓게 퍼져있어, 바다의 안전을 기원하는 무나카타 3여신이 보살피고 있다.

오키노시마를 포함한 3개의 신앙의 장소로부터 구성되는 무나카타 대사와 오키노시마 제사를 행했던 사람들이 묻힌 신바루(新原)고분군, 누야마(奴山)고분군은 '신이 머물고 있는 섬' 무나카타 오키노시마와 연관유산군으로서 세계문화유산에 등록하고자 한다.

무나카타대사(宗像大社)

『고사기』에 따르면 무나카타대사(宗像大社)의 제신은 아마테라스오 오카미(天照大神)와 스사노오노미코토(素盞嗚尊)와의 맹약하에 태어난 다코리히메노카미(田心姬神), 다키쓰히메노카미(湍津姬神), 이치키시마 히메노카미(市杵島姬神)라는 세 여신이다. 이 세 여신은 아마테라스오오카미(天照大神)의 "세 여신은 일본 규슈의 무나카타대사(宗像大社)에서 한반도의 남쪽 해안에 이르는 고대 항로에 내려가 있으면서 역대 천황인 천손을 돕고 천손에게 신을 받들게 하라"는 신칙(神勅: 신의 명령)에 의해서 이 세 신은 천손들의 안전 항해를 위해 이 항로 길목에 와 있는 것이다. 이 세 신은 국가의 수호신이 되어 한반도와 일본 규슈의 해상에 일직선상에 있는 이 세 장소의 각각의 궁에 아래와 같이 각각 모셔져 있다.

오키노시마(沖ノ島)의 오키쯔미야(沖津宮)에 다코리히메노카미(田心姫神).

오시마(大島)의 나카쯔미야(中津宮)에 다키쓰히메노카미(湍津姫神).

다지마(田島)의 무나카타대사의 해쯔미야(邊津宮)에 이치키시마히메노카미(市杵島姫神).

위 3궁은 3위 일체로 독특하게 신사가 구성되어 있다.

무나카타대사(宗像大社)에는 미치누시노무치(道主貴)라는 별칭이 있다. 무치(貴)라고 하는 것은 신에 대한 최고의 존엄을 표하는 이름이다. 그래서 일본 최고신을 모신 이세신궁의 천조대신을 오오히로메노무치(大日靈貴), 출운대사의 대국주명을 오오나무치(大己貴)라 부르는 것뿐이다. 미치누시노무치(道主貴)는 '최고의 길의 신'이라는 의미로 고대부터 한반도와 일본을 항해하는 많은 사람들의 안전을 기원하고 보호하는 신으로 전해내려왔다. 무나카타(宗像)대신을 제사 지내는 신사는 여러 곳이 있으나, 교토에 한반도 도래인과 관련 있는 마쯔오(松尾)대사에서도 이치키시마히메노카미(市杵島姫神)를 제신으로 모시고 있는 것으로 봐서 연관이 있어 보인다.

오키노시마(沖ノ島)에는 무나카타(宗像)대신을 제신으로 모시는 무나

카타대사(宗像大社)의 오키쓰미야(沖津宮)가 있다. 이 섬은 한반도와 규슈 사이에 길게 늘어선 모습으로 섬 중앙에 이치타케(一岳)라는 신체산이 있는데, 이 섬은 인간의 출입을 제한하는 신의 섬으로 유명하며 제사 행사가 있을 때 관계자만 섬에 들어가는데 이때에도 남자만 들어가고 여자는 출입이 금지되는 특이한 곳이다.

이 섬에서는 4세기 말부터 약 600여 년간에 걸쳐서 국가 규모의 제사가 행해져 23개소의 제사 유적이 확인되었으며, 1954년 이후 동 거울, 곡옥, 철검, 철 갑옷 등이 12만여 점이나 대량 발굴되었는데 가야계 유물도 많이 발굴되었다.

무나카타대사의 해쓰미야(邊津宮)는 후쿠오카에서 가는 방법은 여러 가지가 있으나, JR도고우(東鄕) 역에서 내려도 꽤 들어가야 하는 거리에 있다. 1시간에 1대 정도 다니는 버스를 타고 15분 정도 가서 무나카타다이샤마에(宗像大社前)에 내리니 바로 앞에 고색 찬연한 신사이면서도 찾는 사람이 많아서 그런지 주변에 큰 주차장과 새로 지은 큰 건물도 함께 있었다.

일본 고대사와 관련 있는 신사에는 고령자 단체 관광객이 많으나 이곳은 다른 곳에 비하여 유난히 많은 느낌이 들었다. 다른 곳과 다르게 역사가 오래되고 옛날 모습의 제사 장소, 국보급 보물 등 의미가 많은 곳이라 고령자들이 더 많은 것 같았다.

신사 경내에서 본전과 배전을 옆으로 하면서 길게 늘어진 울창한 숲길을 따라 조금 올라가면 다카미야사이죠(高宮祭場)라는 아주 오래되고 신성스러운 분위기의 장소가 나온다. 이곳은 무나카타대신이 강림하였다는 곳으로 오키노시마와 함께 무나카타대사 경내에서 가장 신성한 장소의 하나로서 옛날 모습으로 자연스럽게 잘 보존되고

있는 느낌이었다. 일본에서는 이곳을 히모로키(神籬)라고 해서 신의
원점, 신의 울타리라고 하여 큰 의미를 부여하고 있다.

고대 제사 유적지인 다카미야사이죠(高宮祭場) 안내판

　신사 바로 옆에 신보관(神宝館)은 신의 섬이라고 불리는 오키노시마
(沖ノ島)에서 고대 제사 유적의 발굴 조사에서 출토된 4~10세기경의 것
으로 보이는 10만여 점의 봉헌품을 수장 전시하고 있다. 그중에 8만
여 점의 출토품이 국보로 지정되었고 일부가 전시하고 있어 꼭 둘러
볼 필요가 있다. 한국과 일본 중간에 위치하여 한일 고대사 해명의
많은 실마리가 될 수 있는 많은 유적이 전시되고 있다고 생각된다. 삼
각연신수경 등의 많은 구리거울, 의식용의 깃발을 꽂았던 것으로 보
이는 금동제 용두, 당삼채 도기, 한반도의 신라에서 만든 것으로 보
이는 금제 반지, 사산 왕조의 페르시아제 유리 파편, 옥, 마구 등 한반
도와의 교류를 반영한 물품들을 많이 볼 수 있다.

무나카타대사(宗像大社) 옆에 있는 신보관(神宝館)

　오키노시마(沖ノ島)는 일반인의 출입이 엄격히 통제되고 있으나 오시마(大島)는 무나카타시의 고노미나토 항구에서 25분 정도면 배를 타고 누구나 들어갈 수 있다. 배를 내려 조금 걸어가면 3여신 중 다키쓰히메노카미(湍津姫神)를 제신으로 모시고 있는 나카쓰미야(中津宮)에 도착한다. 이 신사에는 견우직녀의 설화가 남아있는 견우신사, 직녀신사가 경내에 있고 그 옆에는 설화에 나오는 은하수를 의미하는 강이 흐르고 있는 등 이곳을 '칠석 전설 발상의 땅'으로 전해지고 있다. 또한, 이 섬의 뒤쪽에 가장 높은 산인 미다케산(御嶽山)에는 오키노시마(沖ノ島)가 바라보이는 신비스러운 분위기의 요배소가 있어, 가 보지는 못하지만 신성한 섬을 바라보고 예배할 수 있게 만들어 놓았다.

　무나카타대사 인근에는 우미노미치(海ノ道) 무나카타관이라는 곳이 있어 오키노시마(沖ノ島)에서 발굴된 유물들의 3D 영상과 VR 체험 등을 하면서 전시물들을 볼 수 있다.

　무나카타군 주변에는 대대로 도래인으로 추정되는 하타(秦) 씨의 집성촌이 있다. 고대에 하타(秦) 씨는 교토 지방에서 많은 역할을 하고 관련 유물도 교토 지역에 많이 남아 있다. 교토로 들어가기 전에 이곳에 머물다가 정착 후에 교토로 이동한 것으로 보인다.

무나카타대사의 제사발상의 땅이라고 하는 타카미야사이죠(高宮祭場)와 유사한 유적지가 한국에도 있는 것을 볼 수 있다.

변산반도의 죽막동 제사유적은 변산반도의 가장 끝에 위치하면서 고대 중국, 일본과의 교류 시 해상 활동의 안전을 기원하기 위한 제사를 해온 곳으로 우리나라에서 발견된 최대 규모의 해양 제사 유적이다. 삼국시대의 유물이 많이 쌓여 있는 채로 발굴되었는데 그중에 중국 도자기 파편, 왜나라 토기, 대가야 유물 등과 제사용으로 사용된 듯한 석기, 토기 모조품도 많이 발굴되어 있다. 이 모조품은 우리나라에서는 별로 발굴되지 않으나 현해탄에 있는 오키노시마유적을 거쳐 나라(奈良)까지 가는 해로상의 중요지역에서 다수 발견되고 있다.

이곳의 제사 유적지는 무나카타대사의 타카미야사이죠(高宮祭場)와 같이 노천제사지로서 석기나 토기의 모조품을 이용하여 제사 지내는 왜 양식이 남아있다. 당시에 이 지역의 집권국가인 백제와 왜의 관계를 유추할 수 있는 곳이다.

제사행위가 오래된 유적지임에도 1973년 재건축된 당집인 수성당이 남아 있는 등 고대의 신성스러운 분위기는 많이 남아있지 않은 것이 조금 아쉬움으로 남는다.

2.
삼한정벌의 기록이 남아있는
가시이궁香稚宮

    가시이궁(香稚宮)은 한국과 일본 고대 역사에 있어서 뜨거운 문제가
되고 있는 삼한(三韓) 정벌과 관계 있는 곳이다. 『고사기』, 『일본서기』
에 진구(神功)황후의 삼한(三韓) 정벌이라는 내용으로 신라를 침범한
이야기가 나온다. 이곳은 당시 천황인 주아이(仲哀)천황과 그의 황후
진구(神功)황후를 제신으로 하고 있는 곳인데 삼한(三韓) 정벌하기 전,
주아이(仲哀)천황과 진구(神功)황후가 규슈 남부에 있는 구마소(熊曾)
를 토벌하려고 군사를 모아 진격하기 전에 규슈 북부 후쿠오카의 쓰
쿠시 가시히(詞志比)궁에 머물렀다는 데서 유래하는 곳이다.

    『고사기』, 『일본서기』에는 삼한(三韓) 정벌에 대하여 위의 내용에 이
어 다음과 같은 기록이 보인다.

    그때 신이 황후에게 가르치기를 "천황은 구마소가 불복할 것을 걱
정하는가? 거병하여 토벌할 만한 곳이 못 된다. 이보다 훨씬 나은 보
물이 있는 나라가 있다. 처녀의 눈썹 같고, 눈부신 금과 은이 가득한
서쪽 나라인 신라를 정벌하면 복종할 것이다. 그러면 구마소도 복종

가시이궁(香稚宮) 들어가는 길

할 것이다.''라고 하였다. 천황은 신의 말을 의심하였다. 높은 산에 올라 바다를 바라보니 나라가 보이지 않았다. 신은 나를 비방하지 말고 내 뜻을 따르라 하였으나 천황은 믿지 않고 구마소를 쳤으나 패하고 돌아왔다.

그 후 천황은 갑자기 몸이 아프더니 쓰쿠시(筑紫)의 가시히궁(橿日宮)에서 사망했다. 즉, 신의 말을 안 듣더니 일찍 죽었다는 것이다. 신이 죽였다는 것이다.

『고사기』,『일본서기』에 기록되어 있는 신이 주아이천황을 죽였다는 내용은 결국 신이 내린 진구황후가 죽였다고 볼 수도 있다. 즉, 신라 정벌에 소극적인 천황을 죽이고 진구황후가 지휘해서 신라를 정벌한다는 내용이다.

황후는 신의 가르침이 옳다고 생각하고 서쪽을 정벌하려고 준비를 하여 와니쯔(和珥津)에서 출발하였다. 바람이 불고, 파도가 일어나 배를 밀고 갔으며, 바닷속의 큰 고기들이 떠올라 배를 도왔다. 배는 순풍을 타고 파도의 도움을 받아 별다른 노력 없이 신라에 도착했다.

파도에 떠밀려 신라 땅 안으로 들어갔다. 이를 본 신라 국왕은 깜짝 놀라 신라 건국 이래 바닷물이 나라 안까지 올라온 적이 없다고 하면서 무척 두려워하였다. 그리고 "내가 들으니 동쪽에 신국이 있다. 일본이라 한다. 또 성왕이 있고 천황이라 한다. 그 나라의 신병일 것이다. 어찌 군사로 방비할 수 있겠는가"라고 하면서 백기를 들고 왕의 배 앞에서 항복하였다. 그리고 이제부터 엎드려 말을 사육하는 자가 되어 해마다 배로 사절을 보내고 조공이 빠지지 않도록 계속 바치겠다고 맹약을 한다.

그때 누군가가 신라왕을 죽이자고 한다. 이에 황후는 스스로 항복한 자를 죽이는 것은 상서롭지 못하다 하여 살려 준다. 황후는 신라왕의 집 앞에 창을 꽂아놓는다. 그러자 신라왕은 금, 은 등 귀한 물건을 80척의 배에 실어 조공을 일본국에 바친다. 이에 고구려, 백제 왕들도 일본국에 항복하였다. 그래서 내관가 둔창을 정하였다. 이가 소위 삼한(三韓)이다. 황후는 신라에서 돌아왔다.

『고사기』, 『일본서기』의 삼한정벌 기록은 일본이 한국에 대하여 일제 강점의 정당성의 역사적 논거로 사용하고 있는 것으로 아주 논란이 많은 역사적 기술이다. 역사적으로 일본이 한국을 지배한 사례가 있기 때문에 한국을 지배하는 것에 문제가 없다는 식이다.

신라 정벌한 후 이곳으로 돌아온 진구황후는 남편이 죽은 이 땅에 제사를 지내고 신령으로 모셨다가, 724년에 주아이천황과 진구황후를 합쳐서 제사 지내는 가시이묘(香稚廟)가 만들어졌고, 이곳의 본전은 독특한 형태를 갖추고 있어 중요문화재로 관리되고 있다고 이곳의 안내판에 기록하여 안내하고 있다.

가시이궁(香稚宮)은 후쿠오카의 JR가시이진구(香稚神宮) 역에서 내려

3분 정도 걸으면 나오는 가까운 거리에 있다.

가시이궁(香椎宮) 내에는 다케우치노쓰쿠네(武內宿禰)를 제신으로 하는 다케우치(武內)신사가 있다. 다케우치노쓰쿠네(武內宿禰)는 삼한정벌 시 진구황후를 보좌하였고 5대의 천황(게이코우, 세이무, 주아이, 오진, 닌토쿠천황)을 섬기고 장수한 신하로서 한반도에서 도래한 것으로 추정되는 하타(波多) 씨, 고세(巨勢) 씨, 소가(蘇我) 씨 등 호족들의 시조로 알려진 인물일 뿐 아니라 일본은행권의 초상으로 5종류나 채용된 유명한 인물이다.

다케우치(武內)신사 안내판

다케우치노쓰쿠네(武內宿禰)는 『고사기』, 『일본서기』에도 한반도와 관련된 여러 행적들이 많이 기록되어 있다. 그 내용을 살펴보면 당시 한일 간에 어떤 일들이 있었는지를 유추해 볼 수도 있을 것이다.

'진구황후 13년 황후의 명에 따라 다케우치노쓰쿠네(武內宿禰)는 태자를 동반하여 쓰누카(角鹿)의 사반(筍飯)대신을 참배하였다'는 기록에서 쓰누카(角鹿)의 사반(筍飯)대신은 앞에서도 설명한 도래계 씨족인 오오토모(大伴) 씨의 시조인 대가야에서 온 왕자 쓰누카아라시도(都怒我阿羅斯等)임을 알 수 있다.

'진구황후 47년에는 신라, 백제에서 공물을 바치러 오던 중 백제 공물을 신라에서 빼앗아 바꿔치기하는 일이 발생한 것을 알고 백제에 누구를 보내어 그 진위를 파악하고 누구를 신라에 보내어 그 죄를 물을 것인가에 대하여 천신에게 기도하니 천신이 이르기를 다케우치노쓰쿠네(武內宿禰)와 협의하여 치쿠마나가히코(千熊長彦)를 보내면 원하는 대로 이루어질 것이다.'라는 기록이 있다.

'오진천황 7년에는 고려인, 백제인, 임나인, 신라인들이 내조하여 오진천황의 명을 받아 다케우치노쓰쿠네(武內宿禰)는 한인(韓人)들을 인솔하여 한인지(韓人池)를 만들었다.'라는 기록이 있다.

가시이궁(香稚宮) 주변에는 다다라(多多良)강과 다다라(多多良), 핫타(八田)라는 마을 이름도 있다. '다다라'라는 단어는 한국의 유민들이 일본에 '다 다다랐다'는 말에서 나왔다는 해석도 있고 다라국 유민이 정착한 곳이라는 해석도 있고, '핫타'도 일본에 도래한 유명씨족인 '하타' 씨족의 일본 도래 후 근거지였다는 생각이 든다. 후쿠오카시박물관에 소장되어 있는 미토마 시게요시(三苫重義) 자료에 따르면 가시이궁(香稚宮)이 핫타향(八田鄕)과 관계가 있다고 기록이 있는 것으로 봐서 연관은 있어 보인다.

3.
금인이 전시되고 있는
후쿠오카시박물관

후쿠오카 시는 활 모양을 이루는 일본 열도의 서쪽 끝에 있으면서 고대부터 현해탄을 건너면 바로 한국과 연결되는 관문이었을 뿐만 아니라 현재에도 규슈로의 입국은 다른 도시들도 있지만 대부분 이곳을 통해 들어간다. 내가 일본의 도시에 가면 계획에 맞추어 여러 곳을 방문하지만, 항상 제일 먼저 방문하는 곳은 그 도시의 박물관이다.

후쿠오카시박물관

후쿠오카에 있는 박물관 및 유적지들은 한반도와 가장 먼저 맞닿아 있는 지리적 특성 때문에 어디를 가더라도 내용을 유심히 살펴보면 한반도 관련 내력을 접할 수 있다. 후쿠오카시박물관에는 중국과 한반도와의 대외 교류 창구였던 후쿠오카 시의 변천된 역사와 사람들의 교류들에 대하여 전시되고 있다.

후쿠오카시박물관에도 한국과 일본의 공통된 문화 중에 하나인 대륙과 한반도로부터 전래된 벼농사의 경작에 대한 설명 및 모형 등이 잘 전시하고 있었다. 이 지역 주변으로 규슈 북부 지역 나라의 왕들이 중국 왕조에 사신을 보내는 등 대륙의 선진 문화 도입과 관련된 특색 있는 문화재를 공개하고 있다. 예를 들면, 한국의 호남지역에서 많이 발견된 옹관, 묘 및 부장된 청동기, 철기, 구옥(勾玉)과 고대 건물의 지붕, 기와 등을 영상과 함께 전시하고 있었다.

후쿠오카시박물관에는 앞에서 기술한 다른 전시물보다도 일본 역사에서 아주 중요한 유물인 금인(金印) 실물을 상설 전시하고 있다. 중국에 건무 중원 2년(57년)에 현재 후쿠오카 시의 하카타 만(博多灣) 연안에 존재했던 왜의 노국(奴國)이 중국 한나라의 광무제로부터 하사받은 금인(金印)이 1784년 후쿠오카의 시가(志賀)섬에서 한위노국왕(漢委奴國王)이라는 글자가 각인돼 있는 채로 발견되었다. 그런데 실물 크기는 길이가 2.3센티미터로 아주 작은 크기이지만 1,900여 년이라는 오랜 세월이 지나도 변하지 않고 현재 사용해도 가능할 것 같은 금빛 광택을 띄고 있는데 이 것이 전시되고 있는 것이다.

앞 장에서 설명하였듯이 노국(奴國)이 있었던 후쿠오카 벌판의 바다 건너 시카(志賀)섬에서 금인(金印)이 발견된 곳은 금인공원(金印公園)으로 조성되어 있으나, 아주 작은 크기의 금인이 왜 이 섬에서 발견되었는지 완벽에 가까운 모습으로 발견된 것은 아직도 의혹으로 남아 있다.

후쿠오카시박물관 내부 전경

후쿠오카시박물관은 규모도 커서 역사 관련 전시뿐만 아니라 고대에서 현대에 이르는 이 지역의 역사 문화 및 중국과 한반도 관련 교류에 대해서도 많은 기획전을 열어 오고 있는 곳이기도 하다. 또한, 실내 외에 그림, 조각 등 미술품 등 다양한 분야에 대한 전시도 많이 하고 있는 곳이다. 그리고 구내서점에는 지역적 특성을 고려하여 한일 고대 교류 관련한 서적을 많이 비치하여 판매하고 있어 한일 관련 내용을 이해하는 데 도움되는 책들이 많아 필요한 책들을 취득하기에 좋은 곳이다.

4.

일본 신화에서 물과 관련 있는
신을 모시는
스미요시(住吉)신사

　후쿠오카 시의 하카타 역에서 10분 정도 걸어가면 『고사기』에 기록된 일본 신화와 관련된 신을 제신으로 모시는 스미요시(住吉)신사가 시내 한복판에 큰 규모로 남아있다. 앞 장에서 일본 신화에 대하여 이 책에서 방문하는 신사들과 관련되는 내용들을 살펴보았으나 이번에는 그 내용이 연결되는 스미요시(住吉)신사를 찾아서 그 내력을 찾아본다. 스미요시(住吉)신사라는 이름의 신사는 일본을 돌아다니다 보면 눈에 아주 많이 띄는 신사이다. 그 유래와 관련된 스토리를 알면 좀 더 풍요로운 여행이 될 것으로 생각한다.

　고대부터 물에는 정화작용이 있다고 믿어지고 있었다. 그 물의 힘을 사용해서 심신의 죄를 물로서 깨끗하게 하는 것을 일본의 신도에서는 미소기(禊)라고 한다. 이것은 『고사기』에 기록된 일본 창세기에 이자나기가 사망한 이자나미를 만나고 요미(黃泉)국에서 돌아온 후에 조그만 연못에서 행했던 목욕을 기원으로 하고 있다. 이것을 고려하면서 남아 있는 관습이 현재에도 있다. 신사에 가면 신사 참배하기 전에 데즈야(手水舍)에서 손을 씻는 것이라든지 봉헌을 드리기 전에 냉수 목욕 재계하는 것이라든지 제사를 지낸 후에 인형을 바다와 하천에 버리는 것 등도 전부 미소기(禊)의 이름으로 남아있다고 볼 수 있는 것 같다.

스미요시(住吉)신사에는 소코쯔쯔노오노카미(底筒男神), 나카쯔쯔노오노카미(中筒男神), 우와쯔쯔노오노카미(表筒男神) 스미요시 삼신을 제신으로 하고 있다. 이 삼신은 앞에서 설명한 내용에서 이자나기가 쓰쿠시의 히무카에서 아와키하라(阿波岐原)에 가서 몸을 깨끗하게 할 때, 즉 미소기(禊)를 할 때 수면, 수중, 물밑에서 신들이 태어났다고 『고사기』에 기록되어 있다. 또한 이곳에는 일본신의 최고신인 아마테라스오오카미와 진구황후를 포함하여 5신을 제신으로 하고 있다. 이런 유래에 의해 스미요시(住吉)신사는 항해 안전, 선박의 수호신으로 숭상받고 있다.

스미요시(住吉)신사 경내 안내판

이곳의 스미요시(住吉)신사는 1,800여 년 전부터 있어 왔던 것으로 알려지고 있다. 또한 전국에 2,129개의 스미요시(住吉)신사 중에서도 최초의 신사로 전해지고 있다. 그래서 이곳의 스미요시(住吉)신사를 스미요시(住吉)본사, 일본 제일 스미요시(住吉)궁이라고도 부르고 있다.

이 신사는 도심 한복판에 있는데도 경내가 숲이 우거지고 한적한 분위기이다. 원래 스미요시신사는 대부분 바닷가 근처에 있으면서 바다와 관련된 신사로 알려져 있는데, 현재 이곳은 도심에 있지만 고대에 이 신사를 세울 때는 이곳도 하카타만으로 연결된 해안이었다고 한다.

스미요시(住吉)신사 경내에 있는 고대 역사(力士)상

이 신사의 본전은 1,600년대에 건립된 건물로 중요문화재로 관리되고 있으며 또한, 스모의 역사와 이 신사가 같이하고 있다고 해서 신사 경내에 스모경기장이 있고 고대 역사(力士)상이라는 동상이 만들어져 있다. 후쿠오카 시내 한복판에 고대 신화와 관련된 신사가 있어 접근성도 좋은 곳이라 시간을 내어 가 보면 고대 신앙에 관한 이야기도 접할 수 있는 의미 있는 곳이라 생각이 든다.

5장

나가사키 해안을 따라
중부 규슈로

나가사키(長崎), 야스시로(八代), 구마모토(熊本)

1.
한국 천주교 순교
성인의 흔적을 간직한
나가사키長崎

　나가사키는 일본의 다른 지역과는 다르게 외국과 많은 교류가 있었던 지역이었다. 서양과도 많은 교류가 오래전부터 있었지만 중, 근세에 중국, 한반도와 특이한 교류의 흔적이 남아있는 곳이기도 하다.

　쇼후쿠지(崇福寺)라는 절을 방문했는데, 이 절은 1629년에 나가사키에 있었던 중국의 복주인(福州人)들이 지은 절로서 일본에는 없는 건축양식의 절로 남아있는 곳이다. 절 내의 여러 건축물이 국보 및 중요문화재로 보존되고 있다. 이 절은 중국에서 지어진 것을 해체하여 이곳에 재건축한 것이어서 건물은 중국식 사원 모습으로 일본의 절과는 분위기가 많이 다르게 느껴진다.

　나가사키에서는 노면전차가 많이 이용되고 있어서 유적지를 찾아가는 데도 참 편리하게 이용할 수 있었다. 쇼후쿠지(崇福寺)도 노면전차의 쇼카쿠지시타(正覚寺下) 역에서 내려 골목길로 조금 걸어가면 방문할 수 있다.

　일본의 성 한가운데에 있는 건물인 천수각의 지붕 양 끝에 커다란 물고기가 꼬리를 하늘로 치켜세우고 있는 장식이 있는 것을 많이 볼

수 있다. 또한, 뒷장에서 설명하는 야스시로에 갔을 때에도 많은 가정
집들의 지붕 기와 끝에 꼬리를 위로 치켜들고 있는 물고기 문양이 설
치된 모양을 보았는데 쇼후쿠지산문(崇福寺山門)인 아카몽(赤門)에서도
하늘을 나는 두 마리의 물고기가 마주하고 있는 것 같은 모습을 볼
수 있다. 문 안의 지붕에도 쌍어상이 서로를 바라보는 모습으로 조각
되어 있었다.

쇼후쿠지산문(崇福寺山門) 아카몽(赤門) 지붕의 쌍어상

금관가야가 있던 김해에서는 지금도 건물 담장, 교량, 김수로왕릉
등 여기저기에서 쌍어상을 볼 수 있다. 쌍어상을 통해 우리나라에 많
이 남아있지 않은 가야의 비밀을 풀기 위해 일본, 인도, 중국의 관련
지역을 탐사한 연구도 많이 있었다. 이곳의 쌍어상과 비슷한 분위기
인 가야 쌍어상과 이곳 쌍어상의 연관성에 대해서는 더 많은 연구가
필요하겠지만, 일본의 절에서 보기 쉽지 않은 모습이었다.

나가사키에서 다음으로 방문한 곳은 오우라천주당(大浦天主堂)이었
다. 이곳은 노면전차가 다니는 오우라텐슈도시타(大浦天主堂下) 역에서

내려 나가사키 항이 내려다보이는 언덕 위에 오르면 고색창연하고 성스러운 분위기의 성당을 만난다. 이 주변에는 성당 관련 여러 유적지들이 산재해 있다.

일본에서 그리스도교의 전래는 천주교 예수회의 프란치스코 하비에르 선교사가 1549년 가고시마 현의 사츠마 반도에 상륙하면서 시작한다. 그 당시는 유럽의 대항해 시기로 예수회 선교사들은 포르투갈의 대선단을 타고 아프리카, 인도, 동남아시아를 경유해서 중국, 일본까지 진출했다. 예수회는 단기간에 신도를 확보하기 위해 우선 다이묘(大名: 그 지역의 최고 지도자)를 개종시키고 다음은 가신들과 주민들로 확대했다. 처음에 겉으로 보기에는 성공하는 듯했다. 나가사키에서 다이묘인 오오무라 스미타다(大村純忠)뿐만 아니라 3만여 명이 믿었고 결국 그 지역 주민 전체가 개종하기도 했다. 그 덕분에 포르투갈과의 무역을 독점하게 되면서 많은 이득을 보게 된다. 그러자 규슈를 중심으로 많은 다이묘들이 그리스도교로 개종한다.

그러나 1587년 도요토미 히데요시가 규슈를 제압하면서 상황이 바뀐다. 당초 도요토미 히데요시는 그리스도교에 호의적이었으나 규슈 정벌 이후 그리스도교를 금지하고 선교사를 추방해 버리며 나가사키를 직할지로 몰수해 버린다. 그리고 해외와의 무역도 자신이 독점한다.

그 후 일본은 도쿠카와 이에야스 막부시대가 되었고 유럽은 카톨릭의 스페인과 포르투갈은 쇠퇴하고 프로테스탄트의 영국과 네덜란드가 세계의 바다를 지배한다. 그들은 무역만을 목적으로 아시아에 진출한다. 일본 막부는 그들의 목적을 알고 카톨릭 세력을 일본 내에서 모두 없애 버리고 철저히 탄압한다. 이에 대부분의 그리스도교 다이묘와 주민들은 폐교하였으나 일부 주민들이 숨어 살며 믿음을 지킨다. 잠복 그리스도교도가 된 것이다. 약 230여 년간 단 한 명의 교회 지도자도 없이 신앙이 유지된 것인데 신앙은 변형된 형태로 유지된 것으로 봐야 한다.

1858년 도쿠카와 막부는 쇄국을 해제하고 나가사키와 요코하마를 개항한다. 또 많은 신부가 일본에 온다. 1864년에는 나가사키에 최초로 오우라천주당(大浦天主堂)이 완성되고 잠복 그리스도교도 15인이 이 교회를 찾아온다. 이런 과정을 거쳐 일본 그리스도교의 장기간 고난의 역사를 걸어 온 것이다.

오우라천주당(大浦天主堂)으로 올라가는 언덕에 나가사키에서 선교한 성(聖) 코르베신부기념관과 '성모의 기사 수도원 발상의 땅' 유적지가 있다. 이곳에도 나가사키에서의 정착과 선교 활동 등의 일본에서의 천주교 선교의 모습을 전시하고 있었다.

앞에서 보았듯이 오우라천주당(大浦天主堂)은 1864년에 창건되어 150여 년이 된 교회 건물이다. 지금도 나가사키 시내와 해안을 내려보는 언덕 위에 옛날 모습 그대로 있다. 일본에서 가장 오래된 그리스도 교회 건물이고 일본의 국보로 보존되고 있는 아름다운 이국풍의 건물로 나가사키의 매력적인 방문지 중의 하나이다. 또한, 나가사키의 성당들은 유네스코 세계문화유산으로 잠정 등록되어 있다.

일본의 천주교 전래와 오우라천주당은 우리나라와도 많은 관련이 있어서 좀더 알아보고자 한다. 앞에서 언급했듯이 1549년 프란치스코 하비에르 신부가 일본에 천주교를 최초로 전파한다. 일본도 조선과 같이 많은 박해 시기를 거치면서 시간이 경과한다. 그리고 1864년에 프티장 신부가 서양식 건물인 오우라천주당을 건립하면서 새로운 전기가 마련된다. 교회가 만들어진 후 바로 숨어서 천주교를 믿고 있던 일본인 교인이 교회를 방문하는 기록이 있다. 250여 년 동안 숨어서 신앙을 계승해온 신도들의 발견은 '신도 발견'이라 불리며 전 세계에 놀라움과 감동을 주었다. 오우라 천주당은 '일본 26성 순교자 성당'이라고도 부른다. 그리스도교 금교령을 내린 도요토미 히데요시에 의해서 1597년에 나가사키 니시자카(西坂)언덕에서 순교한 신부, 수도사, 신도 26인에 대한 존칭으로 오우라천주당은 그들을 봉헌하는 교회가 되고 천주교의 순교 성지가 되었다.

오우라천주당(大浦天主堂)

중국과 일본의 천주교 전래는 예수회 신부들에 의해 많은 부분이 이루어졌으나 한국의 경우 서양 신부들의 영향도 있었지만, 신학문인 서학에 대한 호기심과 탐구열에 의해 교회가 탄생한 부분도 있다. 한국에서는 1866년 병인박해로 외국 선교사 9명과 8천 명 이상의 신도가 순교한다. 이때 순교한 다블뤼 주교, 위앵 신부, 오메트르 신부와 신자인 장주기의 무덤이 훼손될 것을 우려하여 4기의 유구를 일본 오우라천주당에 보낸다. 그리고 유구는 이곳에서 보관되다 한국에 종교 자유가 보장되기 시작한 1894년에 한국으로 다시 돌아와 명동 성당에 있다가 1967년 절두산 순교 기념관으로 옮겨져 안치되었다. 한국 순교 성인들의 유구가 머물렀던 역사가 있는 오우라천주당은 방문해 볼 가치가 있는 역사적인 장소이다.

위의 내용을 기념하기 위해 성당 앞의 정원에 아래와 같은 내용으로 기념비를 세워 기념하고 있었다.

조선교구 1866년 4순교자 유해봉안 기념비

성 안토니오 다블뤼 주교, 성 루카 위앵 신부, 성 베드로 오메트르 신부, 성 요셉 장 주기

한국 갈매못에서 순교 후 서짓골에 안장되었던 순교성인 4위 유해를 일본 나가사키 대교구가 1882년부터 1894년까지 여기 오우라 성당 내에 모셨음을 감사드리며 기념비를 세웁니다.

— 한국 대전 교구장

위 네 분의 성인은 마포 절두산 순교성지에 안치된 병인박해 순교성인 24위의 명단에 들어 있는 것을 확인할 수 있었다. 이 기념비 옆에는 요한 바오르 2세 교황상도 세워져 있었다.

한국에 순교자가 많은 만큼 일본에도 박해와 고통 그리고 처형의 과정이 아주 잔인한 수난사가 있다. 리암 니슨과 앤드류 가필드가 주연한 영화 '사일런스'를 보면 그 분위기를 조금 알 수 있다. 교황청은 신앙심이 두터운 신부를 일본으로 파견하였다. 그런데 그가 배교하고 일본 여자와 결혼하여 산다는 소문이 교황청에 들리고, 이에 교황청

은 다시 신앙심이 두터운 신부를 일본에 파견하는데 이 신부도 일본의 고문 핍박이 심하여 고통 속에서 믿음이 흔들려서 결국 배교하여 일본을 위해 일하다 죽는다는 내용으로 일본에서의 그리스도교 전파와 순교의 고통을 조금 알 수 있는 영화였다.

나가사키의 오래된 신사 중의 하나인 스와(諏訪)신사를 방문한다. 이곳은 나가사키 전철의 스와진자마에(諏訪神社前) 역에서 내리면 바로 보이는데 산 중턱에 위치하고 있어 신사 본전까지 계단을 오르면 땀이 좀 나는 곳이다. 신사에서 내려다보이는 나가사키 시내의 전망이 좋다. 이 신사는 천손강림과 히무카(日向) 3대와 관련된 해신(海神) 와타쯔미가타(錦津見神)의 후손인 야사카도메노카미(八坂刀売神)와 타케미나카타(建御名方神)를 제신으로 모시고 있어 나가사키를 대표하는 아주 큰 신사였으나 나가사키에 그리스도교가 뿌리를 내리면서 예수회가 영향을 크게 미치게 되자 신사가 파괴되면서 없어졌다가 1625년에 재건된 신사이다. 일본 내에서 정착되어 온 신사와 새롭게 전파된 그리스도교의 관계를 살펴볼 수 있는 특이한 경우이다.

인근에 나가사키 공원이 있다. 이곳에는 일본 최초의 분수가 물을 뿜고 있고, 나가사키 역사 속에서 유명한 인물들의 동상이 공원 여기저기에 세워져 있다. 오스트레일리아의 병 모양 불룩한 나무가 천연기념물로 야외에서 자라고 있다. 1932년 이곳에 옮겨와 자라고 있다고 한다.

길을 내려가다 보면 옆에 나가사키역사문화박물관이 있다. 이곳은 일본에서 근세에 가장 해외교류가 많았던 나가사키의 다양한 교류 내용을 여러 형태로 전시하고 있다.

스와(諏訪)신사

　나가사키에서 후쿠오카로 돌아오는 열차 안에서 사가 현(佐賀県) 후지쓰 군(藤津郡)의 다라(多良) 역을 지날 때 합천의 옥천 고분군을 남긴 다라국 세력이 이곳까지 와서 정착한 흔적인가 생각하면서 다음에 이곳을 방문해야겠다고 결심했다.

2.
가야의 흔적이
남아있는 갓파의 마을
야스시로八代

　규슈 중부 구마모토 바로 밑의 도시인 야스시로(八代)는 야스시로 역이 중심이었으나 현재는 후쿠오카에서 가고시마까지 신칸센이 다니면서 신칸센이 서는 신야스시로(新八代) 역 주위로 발전하고 있는 도시이다.

　시내 중심지에는 야스시로시립박물관이 있다. 이곳에는 규슈의 북부나 남부하고는 다른 규슈 중앙의 지역적인 특성과 야스시로 해(海)를 인접하고 있는 도시로서의 특색 있는 역사, 문화 등과 관련한 유물들을 전시하고 있다. 뒤에 언급할 묘겐사이(妙見祭)라는 축제의 행렬을 모형물로 전시해 놔서 마쯔리의 전체적인 모습을 볼 수 있었다. 전시 내용 중에 한반도와 관련 있는 내용이 있어 유심히 보았는데 야스시로에 609년 백제로부터 승려 10명, 속인 75명이 표류해서 왔다고 적혀있는 것을 보고 오래전부터 한반도와 관련이 많은 지역이라는 생각이 들었다. 609년이면 백제 무왕의 시기로 아들 의자왕의 시기까지 일본과는 아주 많은 교류가 있었고 긴밀한 관계가 형성되어 있던 시기에 일어난 일이다. 의외로 규슈의 중부에 위치한 야스시로에서 이런 일이 발생한 것으로 봐서 우리가 잘 모르는 많은 일들이 일본의 다양한 지역에서 발생했던 것 같다.

일본의 다른 지역에도 종종 있지만 특히 야스시로 지역에서 집의 지붕 끝의 물고기 문양을 많이 볼 수 있다. 구마모토에서 본 숭복사 지붕의 물고기 모양과 똑같은 모습이다. 김해의 김수로왕릉의 쌍어 문양과 연관이 있다고 주장하는 연구도 많아 관련성이 있어 보인다.

야스시로(八代)시립박물관의 전시 안내판

야스시로(八代)신사는 경내에 있는 기념비에 1,300년 전부터 신을 모신 신사라고 기록되어 있을 정도로 아주 오래된 역사가 있는 신사이다. 동쪽 문은 야스시로신사, 남쪽 문은 묘겐(妙見)궁으로 표시되어 있다. 795년에 묘겐궁이 건립되었다고 안내하고 있는데, 현재 건물은 전체를 해체 수리하여 옛날 모습은 안 남아있다. 관련된 책자에서 본 옛날 모습의 흔적은 없어 아쉬움이 많이 남았다. 이 신사에서는 북극성, 북두칠성을 신격화한 아메노나카누시노카미(天御中主神)와 구니노토코타치노미코토(国常立尊)를 제신으로 모시고 있다.

야스시로(八代)신사는 산기슭에 있으면서 현재는 규모가 거대하지는 않지만, 옛날에는 마을에서 가장 중심이 되는 지역이었을 것 같은 분위기가 남아 있고, 옛 건물은 남아있지 않지만, 경내 전체가 오래된 분위기에 신성한 느낌이 드는 곳이다. 야스시로(八代) 신사 안에는 일본국가인 기미가요(君が代) 기념비와 기미가요(君が代)의 가사에 나오는 사자래이시(石)를 전시해 놓고 있다. 사자래이시(石)는 규모가 큰 신사나 역사가 오래된 신사 등에 많이 있는데 이곳에 있는 것으로 보니 나름 의미가 있어 보인다. 그 옆에는 묘견 유래비가 있어 묘견은 북극성, 북두칠성을 상징한다는 등의 내용이 소개하고 있었다.

야스시로(八代)신사

뒷문으로 나가서 바로 옆의 산 쪽을 바라보면 레이후(靈符)신사가 있다. 이 신사에 황국최초백목산영부사(皇國最初白木山靈符社)라고 비석에 쓰여 있는데 일본 최초의 신사라는 뜻이다. 그런데 이곳 산의 이름 백목(白木)은 일본어 훈으로 '시라기'로 읽고 신라(新羅)를 의미하고 있다. 산 위의 신사에서는 야스시로 시 시내를 가로지르는 구마가와

(球磨川) 강과 조용한 분위기의 도심을 조망할 수 있다. 그런데 일본 최초의 신사라고 하면 나름대로 큰 의미가 있어 보이는데 산 귀퉁이의 구석진 곳의 경사진 계단을 올라가면 석재 도리이에 표시된 신사 이름도 무슨 이유인지 전혀 보이지 않을 정도로 훼손되어 있고 일본의 다른 신사들에 비하여 오래된 분위기는 느껴지나 찾는 사람도 별로 없는 듯 적막한 분위기였다.

레이후(靈符)신사 안내판에는 친타쿠레이후신(鎭宅靈符神)은 백제국 성왕의 제3왕자 임성태자가 야스시로에 도래한 시기에 전해졌다고 하며 일본 최초의 영부신이라고 기술하고 있다. 레이후신사에 보관되어 있는 영부의 윗부분에 태상신선진택영부(太上神仙鎭宅靈符)라고 제목을 달았고 중앙에 본존상이 기다(龜蛇: 거북과 뱀의 형상)의 좌대에 앉아 있고, 그 주위에 북두칠성, 좌우에 72개의 비법이 쓰여있다. 아래에는 영부의 판본을 설명해 주고 있다.

위 영부에 대해서는 가야의 일본 도래를 연구한 연구서들이 많이 언급하고 있다. 본존상의 모습이 태상왕인데, 태상왕은 금관가야의 김수로왕이 2대왕 거등에게 왕위를 물려주고 태상왕일 때의 모습이라는 것과 그 위에 북두칠성으로 구분되어 있는 태극 문양이 있는데, 현재 우리나라의 태극문양과 거의 같아 옛날부터 태극의 기원을 볼 수 있다는 것 등을 보아 가야와 긴밀한 관계가 있다고 하는 내용들이다.

레이후(靈符)신사 유래에 대해 백제국 성왕의 제3왕자 임성태자가 야스시로에 도래했다는 것을 보고 그동안에 우리에게 알려진 임성태자에 대한 내용과는 다른 내용이라서 임성태자와 일본이 연관된 내용을 먼저 살펴보고자 한다.

레이후(靈符)신사

　몇 해 전에 공주 무령왕릉에 참배하러 온 일본인 부부를 다룬 신문 기사가 있었다. 그 부부는 오우치(大內) 가문의 후손으로 그들의 조상이 백제에서 온 임성태자이며, 그의 조부인 무령왕의 릉을 참배하러 왔다는 것이다.

　임성태자는 현재 일본의 야마구치(山口) 현 스오우(周防) 근처의 다다라(多多良) 해안에 일행과 도착하였고 이곳에서 터전을 잡고 세력을 확대하였으며 성을 그 지역 명인 다다라(多多良)로 하였다가 근처의 오우치(大內) 지역으로 이전하면서 성을 지역명을 따서 오우치(大內)로 하였다는 것이다. 그리고 오우치 가문은 한때 야마구치, 히로시마를 포함하여 규슈의 많은 지역을 통치하면서 막강한 세력이 되었다고 한다. 그 근거지가 되었던 야마구치 지역이 근세 일본 역사에서 메이지유신의 주축 역할도 하였고, 현재 일본 총리인 아베도 이곳 출신으로 임성태자와 연관성이 있다는 것 등이 알려지고 있는데 야스시로에서 임성태자의 흔적을 발견한 것은 상당히 의외의 일이었다.

야스시로신사와 레이후신사를 방문하면서 느낀 고대 한국과의 연관성뿐만 아니라 백제 임성태자와의 관계성, 지역 산의 이름이 신라라는 것 등을 알게 되면서 한일 간에 얼마나 넓고 깊은 관계가 있는지 느끼며 더 많은 연구가 필요하겠다고 생각했다.

일본 곳곳에서 갓파(河童)라고 인간의 몸체를 하고 다리에는 지느러미가 있으며 얼굴은 거북이를 닮은 상상의 동물을 볼 수 있다. 야스시로의 구마가와 강변 센가와바시(前川橋) 바로 옆인 도쿠노후치(德淵ノ津)에 갓파(河童)가 도래한 장소를 기념하기 위해 거대한 대리석으로 만든 비가 세워져 있다. 그리고 그 앞에는 커다란 갓파 동상이 서 있다.

옆의 안내판에는 도쿠노후치(德淵ノ津)라는 곳에서 1435년, 1459년에 조선으로 사절이 출발했다고 적은 것과 고대부터 항구로 발전해 무역의 거점이 되었다고 적은 것으로 봐서 이 강변은 한반도와 자연스럽게 왕래가 있었던 바다로 연결되는 강 길이었던 것 같다.

갓파도래비(河童渡來碑)에는 '갓파는 중국 방면에서 왔다'고 기술되어 있다. 여기서 방면이라는 단어는 방향을 의미하는 바가 크므로 중국 방향에 있는 한반도, 당시의 가라를 이렇게 표현한 것은 아닌가 하고 추측해 본다.

일본에서는 갓파(河童)라는 단어를 주로 사용하나 이곳 야스시로에는 시내 여기저기에 가라로 시작하는 지명이 눈에 많이 보인다. 이곳에서는 갓파를 가랏파(加羅輩)라고도 한다. 즉, 가라의 무리들, 바다를 건너온 이방인들이 세월이 가면서 특징이 과장되어 상상의 동물로 자리 잡은 것 같다. 또 갓파(河童)상 근처에는 가랏파 광장도 있다.

갓파도래비(河童渡來碑)

이곳에서는 5월 18일 '오레오레데라이다'라고 갓파 도래를 기념하는
축제를 열고 있다. 일본에서 축제 이름으로 한자가 아닌 가타카나를
쓰는 것은 특이한 일인데 '오레오레데라이다'라는 말은 한국말로 쉽게
이해되는 말이다. '오래오래 긴 세월 되어지이다'라는 말로 이해할 수
있다. '오랜 세월 동안 이어 주소서'의 의미인 것 같다.

또한, 야쓰시로에는 묘겐사이(妙見祭)라는 축제가 매년 11월 23일 열
리는데 구마모토, 야스시로를 대표하는 축제로 유네스코무형문화유
산으로 등록하려고 신청하고 있다고 한다. 안내문에는 묘겐신(妙見神)
은 북극성 또는 북두칠성을 신격화한 것으로 1,000년 훨씬 이전에 머
리는 뱀이고 몸체는 거북이 모양을 타고 한국의 왕자가 왔다고도 전
해지고 있다고 소개하기도 한다. 축제에서 사람들이 들어가 행진하
는 기다(龜蛇)라는 몸체는 거북에, 뿔 없는 용의 머리와 흡사한 귀 달
린 뱀의 모습인 조형물로 묘겐신(妙見神)이 바다를 건너올 때 타고 왔
다고 하는 전설을 바탕으로 만들어진 것이라고 한다. 고구려 벽화에

서 흔히 보는 북쪽의 수호신 현무의 모습이다. 축제에서 기다(龜蛇)는 관중들 안으로 들어가거나 달리면서 빠르게 회전하는 등 난폭하게 구는 역할을 하면서 매우 역동적으로 움직인다.

규슈 내에서도 야스시로는 큰 도시가 아니고 사람이 모이는 지역이 아니지만 바다를 통해서 고대 한반도 남부와 연결된 것을 생각하면 이 지역에 대해서도 많은 관심을 가지고 살펴볼 부분이 많은 것 같다.

3.
한반도와의
고대, 중세, 근세의 역사
구마모토熊本

구마모토 성(熊本城)은 임진왜란 때 조선에 출병한 가토 기요마사(加藤淸正)가 약 400여 년 전 임진왜란이 끝난 이후에 축성한 성으로 잘 보존되고 있었으나, 최근 구마모토 지역을 강타한 강도 7 지진의 영향으로 전체 건축물의 10%가 허물어졌다고 한다. 현재 파손된 부분의 약 30%를 복구하고 있는 중이라 전체적으로 완전한 모습은 볼 수 없으나, 거대한 성의 모습은 개략적으로 볼 수 있다. 여기저기가 무너져 내린 모습이었는데 제대로 된 성 모습을 보는 것도 좋았을 테지만 의외로 성벽이 일부 무너져 내린 모습에서 과거에 성벽 안을 쌓은 재료나 축성 형태 등도 더 살펴볼 수 있는 기회가 되었던 것 같다.

일본에서 3대 성이라 하면 오사카 성, 히메지 성 그리고 구마모토 성을 가리킨다. 구마모토 성은 임진왜란 이후 조선에서 끌려온 많은 장인들이 성을 만드는 데 참여한 것으로 알려져 있다.

성의 입구에는 임진왜란의 선봉장이었던 가토 기요마사(加藤淸正)의 동상이 있는 조그마한 공원 쉼터가 있다. 영화에서 보는 왜군 장수의 모습 그대로였다. 성을 둘러보니 수많은 건조물들이 지진의 영향으로 허물어져 있었고, '구마모토성복원정비예상도'라는 안내판을 세워 중단기적인 복원 계획을 안내하고 있었다. 구마모토 성 주변에 있는 박물관, 가토 신사 등 여러 건물들도 정비 중이거나 폐쇄 중이었다. 지진의 영향에서 벗어나 정상으로 돌아오는 데에는 많은 노력과 시간이 걸릴 것 같았다.

지진으로 허물어진 구마모토 성(熊本城) 복원 안내판

메이지 유신의 중심지역인 가고시마를 방문했을 때도 유신을 기념하는 유적지들이 많이 있었는데 이곳에도 메이지 유신의 흔적이 여러 개 남아 있다. 정한론의 주창자인 사이고 타카모리가 반란을 일으키고 패배하여 자살한 1877년 서남전쟁의 중심지가 이곳 구마모토 성이라는 비석도 세워져 있고, 성 밖으로 나오니 '유신군상(維新群像)'이라고 메이지유신 관련 인물 13명의 동상을 만들어 놓은 공원이 있다. 구마모토에서 유신에서의 위상을 확인해 볼 수 있는 곳이기도 하다.

구마모토는 임진왜란 때 왜군 선봉장이었던 가토 기요마사(加藤淸

正)와 깊은 관계가 있는 지역이라 조선과 관련된 이야기가 하나 있다. 바로 조선엿(朝鮮飴)에 대한 이야기이다. 조선엿의 제조법은 1,300여 년 전 구마모토의 아리아케(有明) 시라누히(不知火) 연안으로 들어왔던 견당사가 중국의 제조법을 전달한 것이 최초이나, 그 당시에 보존식 품의 하나여서 가토 기요마사(加藤淸正)가 임진왜란 및 정유재란 때 진 중 음식으로 휴대하였고 이를 기념하여 '조선엿(朝鮮飴)'이라는 이름으 로 전해지고 있다고 한다. 독특하고 고아한 풍미가 있고 장기 보존이 가능하며 변질되지 않아서 좋았다는 이야기도 전해지고 있다.

구마모토 성(熊本城) 천수각의 지진 훼손 시와 복원 중 모습 안내판

구마모토 성에서 나와 노면전차를 타고 몇 정거장 지나 스이젠지고 우엔(水前寺公園) 역에서 내려 5분 정도 걸으면 스이젠지죠주엔(水前寺 成趣園)이 나온다.

이즈미(出水)신사의 정원인 스이젠지죠주엔(水前寺成趣園)은 도카이도 53차(東海道53次: 도쿄에서 교토까지 태평양을 따라 있는 길에 있던 명승지 53 곳)를 본떠서 만들었다고 전해지고 있으며, 아소 산에서부터 내려오는 깨끗한 지하수를 샘 솟게 하고 있다고 한다. 1636년 호소가와 가문에서 세운 절로 가운데에 아름답고 아기자기한 호수를 두고 주변에 가치 있어 보이는 다양한 나무들로 조경을 한 모모야마 양식의 정원이다. 약 80년에 걸쳐서 만들어졌는데 정원을 한 바퀴 도는 데 약 30분 정도 걸린다. 호수 안에서 학들이 여유롭게 시간을 보내고 있는 모습도 볼 수 있는 고풍스럽고 평화로운 공원이었다.

스이젠지죠주엔(水前寺成趣園) 들어가는 길

이 정원에서 일본 근세사의 흔적을 발견한 곳이 하나 있어서 소개하고자 한다. 일제 36년 시기에 일제의 전쟁 물자 수탈로 구리로 된 수저, 젓가락, 요강 등 생활필수품들을 닥치는 대로 뺏어 갔다는 이야기를 우리는 조상들에게서 들어 알고 있다. 그런데 이곳에 큰 공을 세운 유력 인사의 동상이 있었던 사진과 동상유적지라는 푯말의 안내 내용을 읽어 보니 일제 시대 때 전쟁 수행을 위한 금속 공출로 인하여 말 타고 있는 군인의 동상을 철거하여 전쟁 물자로 사용했다는 내용이 기록되어 있었다.

이 정원에 있는 고금전수의 공간(古今伝授ノ間)이라는 건물은 약 400년 전에 지어져 중요문화재임에도 일반인도 들어가 정원을 바라보면서 차를 마시면서 쉬어 갈 수 있게 운영하고 있다. 오래된 건물을 보존만 하는 것이 아니라 실제 활용하면서 옛날 기분을 느낄 수 있게 운영하는 게 정감이 있었다.

구마모토 지역은 임진왜란과 관련 있는 곳이지만, 고대부터 한반도와 많은 교류가 이루어지고 한국 관련 지명들도 많이 남아있는 곳이기도 하다.

구마모토 인근의 다마나 군(玉名郡) 고미쵸(和水町)에 에다후나야마(江田船山)고분이 있다. 이곳은 옛날부터 고분이 밀집되어 있던 지역이었으나 다행히 훼손되지 않은 상태에서 지금부터 약 150여 년 전 한 농부가 발굴하였다고 한다. 이 고분은 일본을 대표하는 고분 형태인 전방후원분의 형태를 취하고 있다. 그런데 이 고분이 주목을 받는 것은 내부에서 많은 유물이 출토되었는데 금동관, 금동 신발, 청동거울, 대도 등이 백제 시대 공주 무령왕릉, 익산 입점리 고분, 나주 신촌리 고분 등에서 발굴된 유물과 흡사하고, 특히 무령왕릉의 유물들과는 너무 흡사하기 때문이다. 그래서 이런 유물들이 한반도에서 만들어져 일본으로 건너온 것이라 유추를 하게 되면서 고대 한국과 왜의 관계를 생각하게 하는 곳이다.

이곳에서 나온 큰 칼에는 75자의 은상감 글자가 새겨져 있는 데 도쿄 근처 사이타마(埼玉) 현 교다(行田) 시의 이나리야마(稲荷山)고분에서 나온 대도의 상감글자와 공통점이 있어 큰 관심을 크게 받았다. 일본 내에서도 규슈 중서부 지역과 도쿄 근처로 멀리 떨어져 있는 두 곳의 고분에서 나온 대도에 '와카타게루(獲加多支鹵)대왕'이라고 같은 글자가 상감되어 있는 것에 관심이 집중되었던 것이다. '와카타게루(獲加多支鹵)대왕'은 일본 고대 천황 중 유랴쿠천황이 '와카타게루'로 읽히기도 하고, 중국『송서』「왜국전」에 나오는 왜왕 '무(武)'가 '타케루'로 읽혀서, 과연 누구인지를 놓고 많은 의견이 있으나, 백제의 개로대왕이라는 설도 있는 등 한일 고대사와 관련 있는 장소임에는 틀림없는 것 같다.

6장

히무카신화가도 日向神話街道의
신화와 백제마을

미야자키(宮崎)

1.
"오~ 사라바"를 외치는
마쯔리가 전래되고 있는
난고손南鄕村, 히키比木신사

　미야자키의 북서쪽 산골에 백제와 관련 있는 곳이 있어 찾아가 본
다. 미야자키에서 가는 길은 험난하기 이루 말할 수 없다. 낭떠러지
의 좁은 계곡 길을 굽이굽이 거쳐 다다른 마을 어귀에는 백제마을이
라고 한글 안내 표식이 있는 난고손(南鄕村)이 있다. 이 마을의 중심에
는 미카토(神門)신사와 백제의 관(百濟ノ館)이 바로 옆에 붙어 있다. 일
본의 어디를 가보아도 신사와 한옥이 같이 있는 곳을 못 본 것 같은
데 이곳은 색다르다.

미카토(神門)신사와 백제의 관(百濟ノ館)

이곳의 미카토(神門)신사는 7~8세기 백제의 정가왕(禎嘉王)이라는 분이 이곳에 정착하고 그 후에 멸족되는 등의 이야기를 간직하고 있으면서 관련 내용들을 마을 사람들과 함께 마쯔리로 보전하고 있는 난고손(南鄕村)의 중심적인 신사이다.

백제의 관(百濟ノ館)은 부여의 왕궁 유적에서 객사의 원래 모습을 재현한 건물인데 백제를 알리기 위해 지어진 곳으로 그 의미가 있는 곳이다. 이 지역은 부여와도 자매결연을 하고 있다. 이곳에는 일본 전국의 백제 유적들, 생활 속의 백제 문화, 후쿠오카의 수성, 법륭사, 한일 간 불교미술, 불교 건축 등의 내용이 패널 등으로 전시 안내하고 있었다.

백제의 관(百濟ノ館) 뒤쪽에는 니시노쇼소인(西ノ正倉院)이라는 박물관 역할을 하는 건물이 있다. 일본에는 쇼소인(正倉院)이라 불리는 곳이 세 군데 있다. 원래의 쇼소인(正倉院)은 일본 긴키 지방 나라 현의 동대사 뒤편에 있는 곳으로 일본 고대시대에 백제 등 외국으로부터 받은 보물들을 보관하고 있는 장소다. 지금도 관리를 철저히 하고 있어 건물 공개도 제한된 시간만 하고 건물 안의 유물들도 특별한 기간만 정하여 공개하는 등 역사적인 의미가 아주 큰 건축물이다. 이곳 쇼소인에는 한국과 관련된 유물이 많이 있지만, 그중에서도 백제의 마지막 왕인 의자왕이 보낸 바둑판과 바둑알이 옛날의 찬란했던 모습 그대로 남아 있어서 놀라움을 주고 있다.

이 건축물뿐만 아니라 이곳의 보물들도 1,200여 년간 옛날 모습 그대로 잘 보존이 되어 있다. 그 비결은 이 창고 구조에 있다고 한다. 통풍이 잘되도록 땅에서 띄워서 지은 형태인 고상식으로 되어 있고 바깥 공기의 영향을 받기 어려운 이중벽 형태의 아제쿠라 구조를 이

용하였다. 또한 보물은 창고 안에 습도와 온도를 어느 정도 일정하게
유지할 수 있는 신궤라 불리는 삼나무 상자에 들어가 있어 보존에 크
게 도움이 되었다고 한다.

니시노쇼소인(西ノ正倉院)

또 한군데로는 바다의 쇼소인((海ノ正倉院)이라고 부르는 곳이 있
다. 앞에서 방문한 무네가타대사의 하나인 오키노시마(沖ノ島)에서 8
만여 점의 수많은 국보급 유물이 발굴되어 이곳을 바다의 쇼소인이
라고 부른다. 2017년에는 유네스코 세계문화 유산에 등록된 곳이기
도 하다.

니시노쇼소인(西ノ正倉院)은 나라 현의 쇼소인을 똑같이 모방하여
같은 모양과 규모로 1996년에 만든 것이다. 니시노쇼소인(西ノ正倉院)
에는 동 거울 33기와 마령, 마탁, 스에키, 철검 등의 보물이 보존되어
있다. 발굴된 동 거울에 대해서는 아주 구체적으로 상세하게 설명과
함께 전시하고 있고 난고손의 유래와 이 마을의 시와스마쯔리(師走祭
り) 등에 대하여도 상세한 설명으로 알리는 데 중점을 두고 있었다.

이곳은 백제의 정가왕 일가의 전설이 내려오고 있는 곳이다. 전설에 의하면 백제의 왕족이 반란군에 쫓기다가 히무카국이 있는 미야자키의 해변에 이른다. 정가왕(槇嘉王)과 그의 둘째 왕자인 화지왕(華智王)은 현재 휴가 시 가네가하마(金ヶ浜) 해변에, 첫째 왕자인 복지왕(福智王)과 정가왕비는 가구치우라(蚊口浦) 해변에 상륙한다. 정가왕 일행은 난고손(南郷村)에 정착하고, 복지왕 일행은 기조 쵸(木城町)에 정착한다. 하지만 시간이 지난 후 반란군과 전투를 벌여 모두 전사한다는 슬픈 전설이 전해진다. 그러나 위의 내용은 일본 사서에도, 한국 사서에도 기록되어 있지 않다. 아마도 신라의 삼국 통일으로 멸망한 백제 왕족이 긴키 지역으로 망명하였다가 그 후 일본 내에서도 내란이 발생하여 왕족 일행은 다시 규슈로 이주하는 상황에서 전해진 이야기인 것으로 추론한다.

이곳에 남아있는 마쯔리의 세부 내용이 어쩌면 지금 우리나라에는 희미한 흔적으로 남아 있는 것들일 수도 있겠다는 생각도 든다. 백제 왕가와 관련되어 고대로부터 내려온 마쯔리의 세부 내용을 니시노쇼소인(西ノ正倉院)의 설명을 위주로 살펴본다.

고대부터 전해내려온 시와스마쯔리(師走祭り)는 백제왕족 전설을 증명하듯이 잘 전해 내려오고 있다. 90km 정도 떨어져 있는 히가시우스기 군(東臼杵郡) 난고손(南郷村)의 미카도(神門)신사와 기조쵸(木城町)의 히키(比木)신사 합동으로 제사를 봉헌하는 아주 특이한 형식의 마쯔리가 행해지고 있다. 이국의 땅, 서로 떨어진 다른 곳에서 제사 지내지고 있는 아버지와 아들이 1년에 한 번 대면한다. 예전에는 9박10일간 했으나 현재는 2박3일간 하고 있다고 한다.

미카도(神門)신사의 배전과 본전

시와스마쯔리(師走祭り)에서 시와스(師走)는 일본어로 음력 12월을 뜻한다. 음력 12월에 하기 때문에 이렇게 부른다. 이 마쯔리에는 다카나베쵸의 오도시(大年)신사에 모시고 있는 정가왕비신도 함께 오고 부왕 신은 차남 왕자의 신사까지 가서 맞이한다고 하는 가족적인 마쯔리이다. 각각의 신사에 신의 넋을 모시는 고신타이(神體)라는 것이 있는데, 마쯔리에서는 이 고신타이가 모인다. 히키신사의 고신타이는 일본 내에서도 아주 오랜 형태로 남아있다고 한다.

마쯔리가 다가오면 미카토신사에서는 준비를 시작한다. 정해진 구역을 깨끗이 하여 신을 맞이하는 준비를 한다. 이 의식은 매우 신비롭고 신성하게 보인다고 한다. 시와스마쯔리가 시작되면 히키신사에서 미카토신사로 예로부터 정해진 인원인 18명이 출발한다. 부왕(정가왕)이 표류하다 도착한 가네가하마(金ヶ浜) 바다에서 '미소기(禊)'라는 목욕재계 의식을 한 뒤 깨끗한 몸으로 미카토신사로 향한다.

백제 왕족이 미카토신사로 향하는 도중에 아기가 태어났다고 하는 도고쵸(東郷町) 오로시고(御児)에 있는 묘에서 가구라(神樂: 신에게 제사

지낼 때 연주하는 음악)를 연주한다. 일본에서 유명한 가진(歌人: 일본 전통시인 와가의 작가) 와카야마 북스이(若山牧水)도 어릴 적 이 마쯔리에 참가했다고 기록에 남기고 있다고 한다.

히키신사 일행을 맞이하는 미카토신사 일행은 오마루가와(小丸川)에서 목욕재계 의식으로 몸을 깨끗이 하고 기다린다. 둘째 왕자 화지왕(華智王)을 제사지내는 도고쵸(東郷町) 이사카(伊佐賀)신사에서 미카토신사 일행이 히키신사 일행을 맞이하여 합류한 뒤 미카토신사로 향한다. 여기서부터 8㎞ 정도를 걷는다. 가는 길에 정가왕의 묘라고 알려진 남향촌의 쯔가노바루(塚ノ原)고분에서 마을 사람들의 환영을 받는다. 마을 사람들은 손수 만든 요리로 환대하고 가구라와 제사가 진행된다. 적의 눈을 속이기 위해 들판에 불을 놓는 행사도 진행한다.

오마루가와(小丸川)에서 전체 일행이 다시 한번 목욕재계하여 몸을 깨끗하게 하고 신사가 보이는 곳에서 신사를 향해 예의를 갖추고 인사한다. 오랜 거리를 지나온 고신타이는 덮고 있던 갓을 벗기고 높이 10미터 이상의 불이 30여 개가 피워진 불길 속으로 지나간다. 신이 도착한 행사로 고대로부터 내려온 행사 분위기가 엄숙해진다. 신사 경내에서는 도착 의식인 가쿠라 음악 제전이 열린다. 이렇게 해서 첫날의 행사가 마무리된다.

다음 날 아침 신사 본전에서 얼굴 전체를 마스크를 한 미카토신사와 히키신사의 신관이 고신타이를 싸고 있는 와시(和紙)를 여러 장 교환하는 의식을 한다. 속은 겹겹이 오래된 종이로 덮혀 있어 내용물이 무엇인지는 지금까지도 수수께끼라고 한다. 저녁에 할 가쿠라 도구를 준비하면서 떡으로 만든 점심을 먹는다. 오후가 되면 본전에서 제사를 지낸다.

백제 왕족을 도와준 이 지방 호족이었던 돈타로 장군의 묘로 큰 북을 치고 '오오'를 외치면서 간다. 양 신사의 신관이 활과 화살을 가지고 '활장군 가구라'를 행한다. 돈타로 장군의 묘 동쪽 아래에 야마미야사마라는 곳에서 풍작을 기원하는 제사를 지낸다. 이곳의 대나무는 가축을 보호하는 부적으로 생각하여 마을 주민들이 돌아가는 풍습이 있다.

오마루 강가에 옛날부터 있었던 돌이 있는 곳에서 제사를 지낸다. 정가왕의 부인이 1년에 한번 찾아와서 남편의 옷을 세탁하였다는 전설도 전해지는 곳이기도 하다. 또 강가의 마른 풀에 불을 놓는 행사를 한다. 참가자들은 전해 내려오는 풍습에 따라 강가에서 돌을 2개 주워 석총으로 나른다. 몇백 년이나 계속된 오래된 행사지만 돌이 늘어나지 않아 불가사의한 일이라고 한다. 석총은 신성한 장소로서 누구도 출입하지 않는다. 한국의 서낭당과 비슷한 개념으로 신이 머무르고 있다는 민간신앙으로 중요시되고 있었던 것 같다.

석총행사가 끝나면 미카토신사에 돌아가 신전을 조용히 왼쪽으로 세 번 돌고 돌층계를 내려가 도리이로부터 되돌아 또 올라간다. 최후에 고신타이를 본전으로 다시 모신다. 가쿠라는 신과 함께 춤추는 무용이고, 신령에게 다가가는 행동이기도 하다. 옛날에는 33번 있었지만, 지금은 18번 하고 있다고 한다. 내용은 해학적이기도 하고, 관능적인 내용 등 아주 다채롭게 진행된다고 한다.

3일째가 되면 이별의 식사로 생선소금구이를 돌려먹는 의식을 한다. 이별의 슬픔을 감추고 서로 간에 일치감을 느끼기 위해 아궁이의 숯으로 얼굴에 시커멓게 칠한다. 신관들은 배전에 들어가 좌우로 대좌하고 아버지 신과 아들 신의 고신타이를 모시고 이별 의식을 행한다.

히키신사 일행을 돌려보내면서 마을 사람들은 옆으로 3보씩 걸으며 작별인사를 한다. 이별을 아쉬워하며 하는 작별인사인 "오~ 사라바."를 계속 외친다. "오~ 사라바."는 우리말로 '살아서 보자'는 의미라는 것을 알 수 있다. 이 말은 일본에서도 의미를 잘 알지 못했는데 일본의 마쯔리에 우리말이 그대로 남아있는 것이라고 볼 수 있다.

미카토신사, 히키신사의 신관이 늘어서서 고신타이에 갓을 씌워 90㎞ 거리를 돌아갈 준비를 한다. 최후의 이별을 하는 것이다. 검게 칠해진 얼굴은 300m 정도 동쪽의 촌락에서 씻고 히키신사로 돌아감으로써 3일간의 마쯔리는 끝난다.

시와스마쯔리는 백제 전설과 밀접한 관계가 있어 백제 문화가 마쯔리에 남아있을 것이라고 생각한 많은 사람들이 옛날부터 연관성을 찾아왔다.

시와스마쯔리는 미카토신사의 아버지 신인 정가왕의 곁으로 히키신사의 큰 아들 신 복지왕과 오도시신사의 어머니 신이 방문하는 의식이다. 오는 중에 둘째 아들 신도 함께 모인다. 미카토신사의 아버지 신 정가왕에게는 1년에 한번 아들 신, 왕비 신을 맞이하는 '영신제(迎神祭)'의 성격이 있다. 미카토신사의 아버지 신이 이사카신사까지 마중 나가는 것처럼 강릉 대관령의 서낭제에서도 다른 서낭당까지 가는 행사 등이 유사한 것을 볼 수 있다.

시와스마쯔리에는 불과 관련된 행사가 많다. 쯔가노바루(塚ノ原)고분에서 제례 의식이 끝난 후 들판에 불을 놓기도 하고 미카토신사의 도리이에 들어가기 전에 30여 개의 불탑을 설치해 놓는다. 또한 오마루 강가에서 세탁의 예를 한 후에 강가의 마른 풀에 불을 놓는 행사

도 있다. 우리나라에서도 마을 제사에서 불을 잘 피우는 사례가 있다. 정월보름날 밤 달이 제일 높이 뜨는 때 강변이나 논밭에 볏짚을 쌓고 불을 지핀다. 동화제(洞火祭)라는 마을 제사에서 불은 부정을 없애고 소생하는 정화성이 있는 것으로 마을의 안녕을 기원하는 민족적 의미를 갖고 오랫동안 모습을 유지해 오고 있는 것을 볼 수 있다.

시와스마쯔리에서 제사하는 장소는 관계된 신사, 산등성이, 묘나 고분, 가세가하마로부터 오마루 강의 여러 군데 물가 중 많은 지점이 상상력으로서 제사하는 장소가 되어 있는 특징이 있다. 산등성이나 물가는 고대부터 생활상 필요한 장소였다. 산과 물은 사람이 존재하는 곳이었다. 한국에서도 정수, 약수, 정화수, 목욕제계 습속 등 물을 신성시하는 신앙성도 뿌리가 깊다. 물이 창조성과 정화성이 인식되고 있는 것을 볼 수 있다. 그래서 어떠한 제례에서도 물을 사용하는 것을 볼 수 있다. 한국의 제사에도 시와스마쯔리에도 제사장소가 물가에 있는 유사성이 있다.

시와스마쯔리에는 왼쪽이 강하게 의식되고 있다. 고신타이나 제사 용구는 전부 왼쪽 어깨에 짊어진다. 그것이 규칙이다. 제사 장소를 돌 때에도 전부 왼쪽으로 돈다. 왼쪽을 소중히 하는 예는 일본 국내에서도 이세신궁, 다자이후텐만구 등 역사가 오래된 신사에서 그 예를 볼 수가 있다고 한다. 한국의 마을 제사 중 강릉 대관령의 서낭당 제사에서도 잔을 헌상할 때 왼쪽으로 세 번 돌린다. 제사 의식으로서 왼쪽으로 세 번 도는 의식은 몽골, 한국, 일본으로 이어진다. 시와스마쯔리 때 왼쪽으로 세 번 도는 의식은 대륙으로부터 한국을 통해 일본에 전해진 것으로 보인다.

시와스마쯔리에는 '기수'가 의식되고 있다. 공물도 3개 한 묶음으로

3묶음, 가쿠라 때의 방울도 3단으로 위로부터 3개, 중간에 5개, 아래에 7개가 달려 있다. 이렇게 1, 3, 5, 7, 9 등의 기수가 사용되고 있다. 우리나라에서는 옛날부터 '삼칠일(三七日)', '천부인 3개(天符印三箇)', '도삼천(徒三千)' 등 1, 3, 7의 수가 많이 기록되어 있는 것을 볼 수 있다. 기수는 민속신앙적인 의미를 포함하고 생활에서 빈번하게 사용되고 있다고 생각한다.

히키(比木)신사

시와스마쯔리의 제신인 정가왕, 복지왕, 화지왕은 모두 난을 피해 남향촌으로 들어온 역사적 인물이기 때문에 토벌군이 이 산속까지 공격해 온 듯하다. 이들은 무인들이고 지도력이 있었기에 제신으로 모셔져 지금까지 이런 행사가 남아있는 것은 백제의 은산 별신제와도 관련이 있어 보인다. 우리나라의 부여 은산별신제는 죽은 장군의 혼령을 위로하고 마을의 태평을 기원하며 군대 의식을 가미한 장군제라고 알고 있다. 7일간에 걸쳐서 화려하게 진행되는데 승마복장의 장군과 6명이 30여 개의 깃발을 든 긴 행렬도 있다. 무녀가 연주하는 음악도 있고 관계자들은 목욕재계하는 엄격한 계율도 있는 것들이 유사해 보인다.

　기조쵸(木城町)의 히키신사는 미야자키시에서 갈 때는 그리 험한 지역은 아니나, 위의 내용에서 보듯이 관계가 있는 난고손의 미카토신사 간의 오가는 길은 현재는 휴가(日向) 쪽으로 돌아가는 도로를 주로 이용하지만 고대에는 험한 산길을 굽이굽이 따라 어렵게 도착했던 것 같다. 히키신사에서 미카토신사까지 우회하지 않고 최단코스로 산길을 따라 올라가는 길을 택해 차로 이동한 적이 있었다. 산골짜기에 구불구불하고 옆은 낭떠러지 절벽이 있으며, 차 1대만 간신히 다니는 길 여러 곳을 거쳐서 간신히 도착한 기억이 있다. 덕분에 일본의 숨어있는 오지 탐사를 해본 경험도 새로웠지만, 옛날에 이 길을 따라 마쯔리가 진행되었을 수도 있겠다고 생각하니 고생스러워도 현재와는 다르게 그 의의를 더 느꼈을 것이라는 생각을 해본다.

　히키신사는 인근에 있는 우리나라의 나주 고분군과 아주 유사성을 가진 거대 고분군인 사이토바루 유적지와는 아주 가까운 거리에 있다. 히키신사는 강가의 평지에 크지 않은 규모의 신사의 모습이나 울창한 숲에 쌓여 있는 오래된 모습을 유지하고 있는 신사이다. 이 마을은 우리네 평화로운 시골 마을 분위기와 아주 비슷한 느낌이었다. 최근에 찾아오는 사람들이 많아 신사 앞에 주차장도 넓게 만들어져 있다.

　히키신사 안내판에는 1,800여 년 전 세이무천황 시기에 신을 모시고 제례를 지낸 유서 깊은 신사라고 소개하고 있다. 백제 복지왕을 제신으로 하고 있으나, 그 외에도 스사노오 등 총 6명의 신도 함께 모시고 있다. 난고손의 미카토신사와의 관계 등 마쯔리에 대해서도 상세히 안내하고 있다. 경내에는 들어가는 길 양쪽에 추정 수령 500여 년의 오래된 삼나무 2그루가 있고, 또 높이가 30㎡ 정도의 거대한 송양나무가 있는데 '미야자키 현 거대한 나무 100선'에 지정되어 있다고 안내판이 표시되어 있는 등 고색 창연하고 유래 있는 신사라는 느낌이 든다.

2.
히무카에서 일본 최고신을
제신으로 하는
오오미大御신사

오오미(大御)신사는 미야자키 시 시내에서 북쪽으로 올라가다 보면
휴가(日向) 시를 지나 오이타(大分) 현 쪽으로 가는 해변에 있다. 이곳
은 아마테라스오오카미를 제신으로 하고 있다. 일본에서 최고의 신사
인 이세(伊勢)신궁에서 모시고 있는 신과 같은 신을 이곳에 모시고 있
으면서 히무카(日向)의 이세(伊勢)상이라고 부른다는 곳이다. 규슈 지역
뿐만 아니라 특히 미야자키 지역은 천손강림과 히무카(日向) 3대 신 위
주로 신사들에서 제신으로 모시고 있는 경우가 많은데 일본의 최고신
인 아마테라스오오카미를 제신으로 하고 있는 것이 특이한 곳이다.

오오미(大御)신사

이곳은 바닷가에 넓게 주상 절리가 퍼져있으며 해변까지 걸어서 쉽게 접근하여 태평양의 넓은 바다와 잘 어울리는 절경의 지역이고, 신사가 해안가에 위치하여 바다를 향해 배례를 올리는 구조로 되어 있다.

우도(鵜戶)신사 가는 길

신사 입구에서 바닷가로 3분 정도 걸어 내려가면 용궁이라는 우도 (鵜戶)신사가 있다. 우도(鵜戶)신사는 우가야후키아헤즈노미코토(鵜葺草 葺不合命), 히코호노니니기노미코토(彦火瓊瓊杵尊), 히코호호데미노미코 토(彦火火出見命), 토요타마히메(豊玉姫)와 시오즈쯔노오오카미(塩筒大 神)를 제신으로 하고 있다. 5천 년의 시차를 넘어서 지금 살아난 용신 (龍神)전설이 있는 곳이다. 굴 안에서 입구 쪽을 보면 용이 하늘로 소 용돌이치면서 오르는 모습을 볼 수가 있다.

이곳 해안동굴 주변은 지금으로부터 약 5,000년 전(죠몬 시대) 사람 들이 용신 신앙의 흔적이 있는 고대 유적지이다. 고대의 사람들은 바 위를 소용돌이 모양으로 깎아 용을 표시하고 아래에는 생명의 원천으로 용옥(龍玉)을 놔두고 그것을 보호하기 위해 산수를 포함했다. 당시의 사람들은 용옥을 껴앉고 보호하는 용신에게 제사를 지냈다고 한다.

또한 이 신사 경내와 바닷가로 이어지는 곳에는 하늘 최고신의 자손인 니니기노미코토가 강림하여 이곳에 있는 해안가의 큰 바위 자리에 앉아서 아름다운 절경의 넓게 펼쳐진 태평양 바다를 조망했다는 전설이 전해지고 있는 곳이다. 이 신이 앉은 자리라고 하는 큰 바위는 지금 보기에도 넓은 모양이었고 보호하기 위해 바위 주변을 흰 금줄로 묶어 신성시하고 있었다. 고대에는 제사장으로 사용되었던 것으로 알려져 있다.

위에서 설명한 오오미(大御)신사 인근 큰 바위의 주변은 일본 국가 기미가요(君が代)에 나오는 사자래이시(石)라고 한다. 기리시마(霧島)신궁과 야스시로(八代)신사에도 이 사자래이시가 있는데 일본에는 유명하고 역사적으로 유래가 있는 신사 등의 지역에서는 사자래이시를 보존하기 위해 안내판을 설치하여 관리하고 있는 것을 종종 볼 수 있다.

인근에는 히치야 성(日知屋城)유적지가 있다. 이곳은 15세기에 축성된 성으로 현재는 거의 폐허가 되어 석축 등 그 잔해만 남아있으나, 삼면이 바다를 향하고 있고, 울창한 숲길 등이 마을 사람들의 산책로로 이용되고 있었다.

이 신사 주변은 한반도와 직접 관련 있는 유래는 찾기 어려우나 미야자키 지역에서 아주 오래된 신사로 해안가의 절경과 함께 감상할 수 있는 곳이고, 고대인들 신앙의 흔적들을 여기저기에서 살펴볼 수 있는 곳이라 시간이 가능하면 방문해 보는 것도 괜찮을 것 같다.

3.
나주의 고분군과 닮은
고분군이 널려있는
사이토바루西都原 유적지

　미야자키 서북쪽의 넓은 평야에 주로 3~6세기에 축조된 것으로 보이는 300여 기의 고분 등이 널려있는 곳이 있다. 이곳은 일본 고대의 전방후원분 형태의 거대 고분도 있지만, 주로 원형분 형태가 많은 일본 최대의 고분군이다. 해안을 접하고 있는 미야자키 부근에 있는 고분군이라 그 지역에 있었던 휴가(日向)국의 무덤일 것이라고 생각을 하지만 누구의 무덤들인지는 아직 구체적으로 밝혀지지는 않았다.

사이토바루(西都原)고고박물관

이곳에 직접 가서 무덤군을 보고 있으면 우리나라의 어딘가와 많이 닮은 것 같다. 나주의 반남면 등의 고분군들과 분위기가 비슷하다. 넓은 평야의 논 한가운데 있는 모습이나 평지의 집 근처에 있는 모습 등이 낯설지 않다. 아니나 다를까 이곳에 있는 사이토바루(西都原)고고박물관에 들러 관계자와 약간의 대화를 하는 중에 나주국립박물관에서 종종 찾아온다는 말을 들었다.

사이토바루(西都原)고고박물관에는 저자가 방문 시 '토요(豊)와 히무카(日向) - 해뜨는 나라의 고고학'이라는 주제로 전시회가 열리고 있었다. 이곳에 전시된 내용 중에 한국과 관련 내용을 살펴보려고 한다.

오키나와가 있는 남쪽으로부터 규슈 섬의 서쪽을 따라 한반도 남쪽에서도 발굴되고 있는 '이모가이'라는 조개에 대한 것이 전시 내용이다. 이 조개는 김해 대성동 고분과 후쿠오카의 고분 등에서 발굴된 파형동기의 모습과 비슷한 모습이다. 이 조개 제품은 널리 교역의 대상으로 취급되어 북해도의 우스(有珠)유적지에서는 우데와(腕輪: 팔찌) 등의 장식품으로, 한국의 전라남도 월성리 고분과 경주의 고분군에서도 이모가이를 장식용으로 사용하였던 운주(雲珠)라는 마구의 일종이 출토되었다고 안내하고 있었다.

규슈에서 청동기 유물은 후쿠오카, 사가, 나가사키 등 한반도와 면해 있는 지역에서 발굴되고 있으나 미야자키와 가고시마 지역인 남부 규슈에는 청동기가 나오지 않고 있다고 한다. 남부 규슈까지는 청동기 세력의 영향이 적게 미쳤고 이 지역은 다른 문화가 발전해 왔다고 추측하게 한다.

이 박물관은 다른 박물관과 다르게 수장고 일부를 유리로 벽을 만들어 관람객이 수장고 내부를 볼 수 있도록 만들어 놓아서 유적의 내용과 보존 상황을 실감 나게 볼 수 있었다.

사이토바루(西都原) 고분군

　이곳에는 일본의 특이한 고분 양식인 거대한 전방후원분이 2기가 있다. 이것은 미야자키의 천손강림 신화와 관련 있는 고분이라고 안내하고 있다. 규슈에서 제일 큰 규모로 두 고분은 일부가 겹쳐서 붙어 있는 구조인데, 오사호쯔카고분(男狹穗塚), 메사호쯔카고분(女狹穗塚)으로 불린다. 오사호쯔카고분(男狹穗塚)은 일본에 강림한 천손 니니기노미코토의 무덤이고 메사호쯔카고분(女狹穗塚)은 니니기노미코토의 왕비인 고노하나사쿠야히메의 무덤이라고 한다. 그러나 최근에 조사된 바로는 5~6세기 것으로 추정되고 있어 실제 누구의 무덤인지는 정확하지 않은 것 같다.

　우리나라의 거대 고분군은 경주 대릉원의 고분들을 많이 생각하지만, 의외로 우리나라에 경주 대릉원의 고분들과 비교하면 조금 크기는 작아도 충분히 견줄 정도로 나주 국립 박물관 근처의 반남면 신촌리 등의 거대한 고분군들이 집중되어 있는 것을 볼 수 있다. 다른 고대 도시인 공주, 부여 등에서 볼 수 없는 거대 고분군이 모여 있는 것이다. 그런데 이곳에서 출토된 유물들로 금동관, 금동 신발 등이 있지만 옹관도 많이 출토되었다. 그리고 인근에는 옹관을 만드는 요지가 발견되어서 실제 만드는 것을 옛 방식으로 실험을 했는데 쉽지 않았던 것 같다. 이 지역은 백제 지역이었지만 고대 마한의 지배 지역이기도 했고 발굴된 유물들이 가야, 왜 계통의 유물들도 많이 출토된 것을 볼 때 그 지역과 교류가 있었던 것으로 생각된다.

또한 규슈 북부지역과 긴키 지역 등에서도 발굴되는 옹관의 모습도 나주 지역에서 발견된 옹관과 유사성이 많을 뿐만 아니라 이번에 방문한 규슈 남부의 미야자키 사이토 바루 유적지의 고분의 모습과 환경 등이 너무 유사했다. 2기의 거대 고분과 나주 지역과 비슷한 주변의 수많은 거대 고분군이 한반도에서 다른 지역에 비하여 떨어져 있는 일본 규슈의 남부지역에 분포하고 있는 것은 많은 흥미로움을 남긴다.

4.
일본 최고신들
출생의 근거가 있는
에다江田신사

  규슈 남부의 미야자키에는 수많은 일본 건국 신화를 근거로 하는
유적지가 많이 남아있는데 그중에서 일본 건국 신화에서 최고신들의
출생 근거가 되는 이야기와 연관된 현장이 남아 있다고 하는 에다(江
田)신사를 방문했다. 에다(江田)신사는 JR닛포혼센(日豊本線)의 하스가
이케(蓮ヶ池) 무인역에서 내려 태평양 방향으로 20분 정도 걸어가면 도
착하는, 바닷가의 울창한 숲에 둘러싸여 있는 경내가 꽤 고풍스러운
분위기의 신사이다.

에다(江田)신사

에다(江田)신사는 일본 건국의 최초의 신인 이자나기, 이자나미신을 제신으로 모시고 있고 입구에는 '미조기의 비(碑)'가 만들어져 있었다. 이것은 『고사기』에 기록되어 있는 아마테라스오오카미(天照大神), 츠쿠요미노미코토(月読尊), 스사노오노미코토(素戔鳴尊) 탄생의 이야기를 형상화해서 만들어 놓은 것이고 그 옆에는 천손강림신화와 히무카 3대에 대한 안내판이 설치되어 있어서 이곳이 위의 3신과 관련이 있겠다는 것을 입구에서 추측하게 해 놓았다. 도리이를 지나 참배로를 따라가다 보면 녹나무 등 오래된 나무들이 오래전부터 신목이라며 신성하게 취급되고 있는 것을 볼 수 있었다. 이곳은 신사 안내를 요청하면 함께 동행하면서 상당히 친절하고 상세하게 안내해 주어 더 풍부한 내용을 파악할 수도 있었다.

에다(江田)신사의 안쪽으로 들어가면 신비로운 분위기의 미조기이케(禊池)라는 호수가 있는데 이곳은 이자나기의 미조기(禊: 심신을 깨끗하게 하는 것) 신화의 무대로 보존되고 있는 곳이다. 아주 오래전 신대의 지명이 지금도 전승되는 장소이다. 『고사기』, 『일본서기』에 많이 기록되어 있는 일본 최고신인 아마테라스오오카미(天照大神), 츠쿠요미노미코토(月読尊), 스사노오노미코토(素戔鳴尊) 탄생의 이야기가 전해오는 곳이다.

『고사기』에는 이자나기가 죽은 이자나미를 만나러 황천국에 갔다가 도망쳐 오면서 "더럽고 지저분한 곳인지 모르고 갔다. 내 몸의 더러워진 곳을 씻어 버리자"라고 하면서 쓰쿠시(筑紫)의 히무카(日向)의 냇물이 흐르는 귤나무(橘)가 있는 오도(小戸)의 아와키하라(阿波岐原)에서 물로 깨끗이 씻었다고 기록되어 있다. 왼쪽 눈을 씻을 때 아마테라스오오카미(天照大神)을 낳았고, 오른쪽 눈을 씻을 때 츠쿠요미노미코토

(月読尊)를 낳았으며, 코를 씻을 때 스사노오노미코토(素戔嗚尊)를 낳았다고 기록하고 있다.

아마테라스오오카미(天照大神)와 스사노오노미코토(素戔嗚尊)는 일본 건국의 최고 신으로 지금도 전국의 수많은 신사에서 제신으로 모시고 있고, 이들이 태어난 근거지가 되는 이곳 에다(江田)신사는 역사 전승지로서의 의미가 있는 곳으로 많은 사람들이 찾고 있다.

일본 전국의 신사에서 신에게 올리는 축사에서 지속적으로 사용되고 있는 문구 중에 위 전설의 내용이 다음과 같이 포함되어 있다.

"말씀드리기조차 황송스럽게 이자나기 대신이 쓰쿠시(筑紫)의 히무카(日向)의 냇물이 흐르는 귤나무(橘)가 있는 오도(小戸)의 아와키하라(阿波岐原)에서 물로 깨끗이 씻어 내리시어…"라고 하면서 신에게 죄와 부정을 없애달라고 암송하는 하라헤고토바(祓詞)라는 문장에도 넣어 일상화하고 있는 모습들이 일본인들에게는 많은 역사적 의미를 부여하고 있는 곳이다.

그리고 에다(江田)신사를 지나서 신비로운 분위기의 미조기이케(禊池)라는 호수를 지나면 스미요시(住吉)신사가 나온다. 이곳은 약 2,400여 년 전에 창건되었다고 전해지는 곳으로 전국의 스미요시(住吉)신사의 원궁(元宮)이라고 표시해 놨고 경내의 여기저기에 '원(元)' 문양을 많이 해 두었다. 앞의 후쿠오카에서 방문한 스미요시(住吉)신사와 같이 이곳은 『고사기』에 기록되어 있는 내용을 보면 이자나기가 앞에서 지나온 미조기이케(禊池)라는 호수에서 몸을 깨끗하게 할 때 수면, 수중, 물밑에서 신으로 태어난 소코쯔쯔노오노카미(底筒男神), 나카쯔쯔노오노카미(中筒男神), 우와쯔쯔노오노카미(表筒男神) 스미요시 3신을 제신으로 하고 있다. 고대부터 바다의 신, 항해 안전의 신으로서 추앙

받고 있듯이 이 신사 가까이에 바다(태평양)가 있는 것도 연관성을 유추하게 한다.

미조기이케(楔池) 호수

이 지역은 에다(江田)신사, 『고사기』에 나오는 아와키하라(阿波岐原)인 미조기이케(楔池), 스미요시(住吉)신사 등 일본 건국 신화의 천손강림 이전의 다카아마노하라(高天原: 하늘나라)의 중요한 이야기가 전승되고 있는 유적지가 모여있는 것을 볼 수 있다.

일본 초대 천황을
제사 지내는
미야자키宮崎신궁

일본의 초대 천황인 진무(神武)천황이 되는 카무야마토이하레히코
노미코토(神日本磐余彦尊)는 미야자키의 코구야(皇宮屋)에 살고 있었다
고 한다. 그는 45세에 '어느 땅에서 정치를 행한다면 평안하게 정치를
할 수 있을까? 동쪽을 향해 배를 타고 나아가야겠다'라고 결심하고
동쪽의 야마토(大和)를 목표로 하고 현재의 미야자키 현 히무카 시 미
미즈에서 출항한다. 그리고 오랜 기간 고생 끝에 야마토(大和) 지방을
평정하고 초대 천황에 즉위한다. 이 내용은 진무도우세이(神武東征)라
는 이야기로 남아있다.

이후 황태자 카무야이미미노미코토(神八井耳命)의 아들 타케이와타
츠노미코토(建磐龍命)에 의해 천황의 신령이 있는 이곳(황거: 다카치호궁
의 영지)에 제사하면서 오늘에 이른다고 한다.

신무동정이 시작되는 미야자키와 새로운 나라를 세운 야마토의
가시하라 지역뿐만 아니라 동정하면서 지나간 곳 등 일본 각지에 진
무(神武)천황을 제신으로 하는 신사가 많이 있으나 대표적인 곳이 나
라(奈良)의 가시하라(橿原)신궁과 이곳 미야자키의 미야자키(宮崎)신궁

이다.

미야자키신궁은 초대 천황을 모시는 곳이라 규모가 웅장하고 신성한 분위기를 느끼게 울창한 숲에 둘러싸여 있는 곳이다. 물론 앞에서 언급한 나라의 가시하라(橿原)신궁도 일본의 어느 신사보다 더 웅장하고 신성한 분위기로 만들어져 있는 것을 경험했지만, 이곳은 야마토로 들어가기 전에 살았던 지역이라고 의미 부여하고 있는 곳이다. 이곳은 진무(神武)천황을 제신으로 하면서 그의 아버지인 우가야후키아에즈노미코토와 어머니인 타마요리히메노미코토도 제신으로 모시고 있다.

미야자키(宮崎)신궁 배전

옛날부터 항구인 미미쯔는 진무천황의 전설, 히무카(日向) 3대 역사의 마지막으로 더 나은 국가를 통치하기 위해 미야자키를 떠나 야마토(大和)를 향하여 출항하는 이야기가 있는 곳이다. 그래서 미미쯔는 진무천황이 군대를 통솔하면서 최초로 대화로 출항했던 곳이라 일본 해군의 발상지로 여기고 인근에 유적비를 크게 세워두어 기념하고 있다. 이 시점에서 일본의 히무카(日向) 3대의 신화는 끝나고 이야기는 신화로부터 역사의 입구로 들어가는 변화가 있게 되는 것이다.

진무동정의 진행 과정과 초대 천황으로 등극하는 이야기를 살펴보려고 한다. 미야자키를 떠나 오랜 시간이 지난 뒤 나라의 야마토로 들어가는 어려운 경로에서 고구려의 고분벽화에 많이 보이는 삼족오의 인도를 받아 무사히 동정을 마무리하는 내용에서 고대 한반도와 많은 연관성을 유추해 보게 된다.

다카아마노하라(高天原: 하늘나라)에서 강림했던 천손 니니기의 증손자로서 쓰쿠시 히무카의 다카치호궁에 살던 가무야마토이하레비코와 이쯔세 형제는 3대째 계속되었던 선대의 땅 미야자키를 뒤로하고 긴긴 동정의 여정을 시작하여 미미즈로부터 항해를 출발한다. 가무야마토이하레비코 일행은 토요국(豊国)의 우사(宇沙) 지역에서 우사쯔히코와 우사쯔히메의 성대한 출영을 받는다. 그 후 쓰쿠시의 오카타노미야(岡田宮)에서 1년을 머물고 아키노쿠니(安藝)의 타케리노미야(多祁理宮)에서 7년을 머물고 키비(吉備)의 다카시마노미야(高島宮)에서 8년을 머물렀다. 그리고 계속해서 더 동쪽으로 나아간다.

그들은 나니하야(浪速: 지금의 오사카 난파)를 지나 시라가타노즈에 정박한다. 그리고 이곳의 호족인 나가스네비고와 결전을 벌인다. 이 전쟁에서 가무야마토이하레비코의 형 이쯔세가 화살을 맞는다. 그는 "태양신의 아들로서 우리들이 태양을 향하고 싸우는 것은 좋지 않다. 그래서 우회하여 등에 해를 받으면서 싸우자"라고 하였다. 그래서 기이반도(紀伊半島)를 우회하여 남하해 가는데 기노국에서 형 이쯔세는 죽어 가마 산에 장사 지내고 가무야마토이하레비코 일행은 구마노(熊野)에 상륙한다.

그러나 이곳에서도 커다란 곰의 독기를 쐬고 가무야마토이하레비코 일행은 모두 쓰러져 버린다. 이때 구마노의 타카쿠라지가 한 자루의 칼을 갖고 와 헌상하는데 이에 가무야마토이하레비코 일행은 모두 정신을 차리고 구마노의 난폭한 신은 저절로 베어 쓰러졌다. 가무야마토이하레비코는 그 칼을 손에 넣은 사정을 물으니 그는 "꿈에 아마테라스와 천둥 신인 다케미가쯔치가 나타나 아시하라노나카쯔쿠니(葦原中國)을 평정할 때 사용한 검을 가무야마토이하레비코에게 헌상하라고 해서 깨어나 주변을 살펴 그 칼을 찾아오게 되었다"고 하였다.

그리고 이곳부터는 그대로 가면 안 된다고 하면서 하늘에서 야타가라스(八咫烏: 고구려 고분 벽화에 나오는 삼족오)가 와서 당신들을 선도할 것이고 그 날아가는 뒤를 따라가면 좋을 것을 이야기한다. 그래서 일행은 야타가라스를 따라 야마토의 동쪽으로 돌아 우다(宇陀)라는 곳에 들어간다. 그러나 이 우다에 에우카시, 오토우카시 형제가 있는데 형 에우카시가 가무야마토이하레비코를 유인하여 죽이려고 계획하고 있던 것을 동생 오토우카시가 밀고하여 오호토모무라지의 선조 미지노오미노미코토와 쿠메노아타히의 선조 오호쿠메노미코토가 에우카시를 죽이고 오토우카시의 충성을 맹세받는다. 그리고 가무야마토이하레비코는 야마토 우네비의 가시하라에서 초대 천황에 즉위한다.

미야자키신궁 옆에는 울창한 숲으로 둘러싸여 오래된 분위기가 있는 미야자키현종합박물관이 있다. 이곳에는 미야자키의 역사와 문화를 실물, 판넬, 영상, 모형 등을 사용해서 알기 쉽게 소개하고 있었다. 고고 유적, 역사, 민속, 신화 등에 대하여 쉽게 접하고 체험하면서 배우기에 좋은 시설이었던 것 같다. 한일 고대사 연관성 있는 주제는 많지 않고 일반적인 일본 고대사나 미야자키의 종합적인 내용을 파악하기에는 좋은 곳이었다.

이곳에서 조금 떨어진 곳에 미야자키역사문화관(宮崎歷史文化館)이 있다. 이곳은 JR닛포혼센(日豊本線) 하스가이케(蓮ヶ池) 역에서 15분 정도 거리에 있는 하스가이케(蓮ヶ池)사적공원 안에 있다. 이 사적은 1,300여 년 전의 고분군으로서 82기의 고분이 발견되어 보존되고 있는 곳이다. 미야자키역사문화관(宮崎歷史文化館) 입구에서 건물로 들어가는 길은 고분군을 옆으로 지나 걸어 들어가고 건물 앞에는 큰 인공 호수가 만들어져 있어 고대 고분군과 잘 어울려 평화롭고 한적한 분위기를 느낄 수 있었다.

이곳에는 미야자키의 역사, 문화 등에 대하여 전시하고 있으나, 전시실 중에 '신화의 세계'라는 전시실에는 미야자키에 전하는 히무카신화(日向神話)는 물론 일본과 다른 나라의 신화에 대하여 비교 설명하고 있다. 그중에 일본의 '천손강림'과 우리나라의 '단군신화'에 대하여도 상세하게 안내하고 있었다. 견우직녀 이야기는 중국의 신화로 영상과 판넬 등으로 소개하고 있는 것을 볼 수 있었다.

미야자키역사문화관(宮崎歷史文化館)

6.
우미사치히코海幸彦,
야마사치히코山幸彦의
전설이 있는 아오시마青島신사,
기바나木花신사

　천손강림한 니니기노미코토는 쿠니쯔카미오오야마쯔미노미코토(国神大山津見命)의 딸인 고노하나사쿠야히메(木花開耶姬)와 결혼하여 우미사치히코(海幸彦), 야마사치히코(山幸彦)를 낳았다. 이것은 천신(니니기노미코토)과 국신(고노하나사쿠야히메)의 최초의 결혼으로 2개의 서로 다른 문화의 융합이 상징적으로 표현된 것으로 생각하고 있다.

　『고사기』에 니니기노미코토와 고노하나사쿠야히메(木花開耶姬)의 결혼과 관련해서 재미있는 이야기가 기록되어 있는 것을 볼 수 있다. 쿠니쯔카미오오야마쯔미노미코토(国神大山津見命)에게는 고노하나사쿠야히메(木花開耶姬) 외에 언니 이하나가히메(磐長姬)가 있었다.

　두 딸을 모두 니니기노미코토에게 보냈는데 언니 이하나가히메(磐長姬)는 매우 추했기 때문에 보기 싫어져서 되돌려 보내진다. 그러자 이하나가히메(磐長姬)는 "만일 천손께서 나를 물리지 아니하고 불러들였더라면 낳은 아이는 명이 길어서 반석처럼 영생할 수 있었을 것이다. 그러나 동생만을 불러들여 낳은 아이는 반드시 나무의 꽃처럼 떨어질 것이다."라고 말하였다고 하고, 다른 기록에는 이하나가히메(磐長

姫)가 부끄러워 원한을 가지고 울며 말하기를 "백성은 나무꽃처럼 잠시 있다가 떨어질 것이다."라고 한 말이 일반 사람들이 단명하는 이유라고 한다는 것이다. 여자의 아름다운 모습과 추한 모습을 비교하여 겉으로 보기에 추하다는 이유로 선택받지 못한 것과 그를 이유로 저주를 내린 것 등 현재에 이 내용을 대입해도 크게 손색없는 이야기가 전래되고 있는 것 같다.

아오시마(靑島)신사 들어가는 길

형 우미사치히코(海幸彦)는 현재 아오시마(靑島)신사가 있는 아오시마에서 고기를 주로 잡고, 동생 야마사치히코(山幸彦)는 카에다(加江田) 계곡에서 토끼 등 동물들을 잡는 데 시간을 보냈다. 어느날 동생 야마사치히코(山幸彦)는 도구를 서로 바꿔 그동안 안 해 본 것을 해보자고 제안하고 형이 승락하여 그렇게 하였다.

그런데 야마사치히코(山幸彦)는 그만 낚시 도구를 잃어버린다. 잃어버린 것을 찾으러 이리저리 다니다 시오즈쯔노오오카미(塩筒大神)를 만나 이야기를 듣고 와타쯔미노구니(海津国)로 가서 바다의 신인 와타쯔미노오오카미(綿津見大神)의 궁을 찾아간다. 궁에서 야마사치히코(山幸彦)는 와타쯔미노오오카미(綿津見大神)의 딸 토요타마히메(豊玉姫)와 맺어져 3년을 보낸다. 이것도 넓게 보면 산의 문화와 바다의 문화가 묶여 천손을 매개로 일본이라는 국가가 통합되는 것을 표현하고 있는 것이다.

와타쯔미노오오카미(綿津見大神)의 궁이 아오시마 바다 밑이라고 해서 현재의 아오시마신사에서는 야마사치히코(山幸彦), 토요타마히메(豊玉姫)와 시오즈쯔노오오카미(塩筒大神)를 제신으로 모시고 있다.

3년 후에 야마사치히코(山幸彦)가 돌아올 때 바닷가의 마을 사람들이 나체로 바다에 들어와 춤을 추며 맞이했다고 해서 현재 아오시마에서는 하타마이리(裸詣)라는 특이한 마쯔리를 하고 있다. 또 하나는 아오시마신사의 제신인 야마사치히코(山幸彦), 토요타마히메(豊玉姫)와 시오즈쯔노오오카미(塩筒大神)의 영령을 가마에 태우고 바다를 건너 해신의 궁으로 가는 마쯔리로 고대로부터 바다를 건너는 특이한 형태의 마쯔리로 남아있다.

아오시마(靑島)신사는 신성시하여 옛날부터 일반인의 출입을 금하였다가 250여 년 전부터 일반인들이 출입할 수 있다. 그런 연유로 식물, 암석 등이 자연 그대로 보존되어 있다. 또 신사 옆에는 모토미야(元宮)라는 고대 제사 유적지라고 푯말을 세우고 옛 모습을 잘 보존하고 있었다.

섬 주변은 해식 작용으로 만들어진 빨래판 무늬같이 생긴 '도깨비 빨래판'이라고 불리는 바위가 섬 전체를 둘러싸고 있다. 그래서 이곳은 국가 천연기념물로 보존되고 있다. 그런데 이 '도깨비 빨래판'은 이곳만 분포하지 않고 미야자키 주변 태평양 해안에 군데군데 널려있는 것을 볼 수 있었다.

아오시마 역은 JR니치난센(日南線)이 다니지만 1시간에 1대 정도로 다니므로 시간 계획을 잘 짜야 한다. 아오시마 역 바로 앞에는 이와미(岩見)라는 우동으로 유명한 식당이 있다. 평일에 가도 줄을 서서 기다릴 정도로 현지인들에게 인기 있는 식당이다. 근처에 가면 들려봐도 괜찮을 것 같다.

고노하나사쿠야히메(木花開耶姬)가 니니기노미코토와 결혼하여 아기를 가지면서 낳기까지의 구체적인 이야기가 기바나(木花)신사에 전해 내려오고 있다. 기바나(木花)신사는 아오시마신사 인근에 있다. JR니치난센 기바나(木花) 역에서 내려 바다 반대쪽으로 조금 걸어가면 조그마한 언덕 위에 있다.

기바나신사에는 니니기노미코토와 고노하나사쿠야히메(木花開耶姬)에게 제사 지내고 있는데, 목화(木花)는 고노하나(木ノ花)에서 유래한다고 전하고 있다. 경내에는 3황자가 태어날 때 씻은 레이센사쿠라가와(靈泉桜川)가 있고, 아기를 낳은 방이라는 우쯔무로(無戸室)의 유적이 있다.

이곳의 안내판에는 우쯔무로(無戸室)에 얽힌 이야기와 함께 히무카(日向) 3대에 관한 이야기가 설명되어 있다.

하늘에서 강림한 니니기노미코토는 이 지역에서 쿠니쯔카미오오야마쯔미노미코토(国神大山津見命)의 딸인 고노하나사쿠야히메(木花開耶姬)와 결혼했는데 결혼하자마자 그녀가 바로 회임하자 니니기노미코토는 이를 의심하고 이에 고노하나사쿠야히메는 자신의 아이가 천신의 자식임을 증명하겠다며 출산할 때 문짝이 없는 집에 불을 질러 불 속에서 3왕자를 차례로 낳는다. 그래서 불 속에서 태어난 왕자들

을 호데리노미코토(火照命), 호스세리노미코토(火須勢理命), 호오리노미
코토(火遠理命)이라 했다.

기바나(木花)신사

그리고 호오리노미코토(火遠理命), 즉 동생 야마사치히코(山幸彦)가
형 우미사치히코(海幸彦)를 제압하고 왕이 된다. 앞에서 언급했듯이
아오시마신사에서는 그를 제신으로 모시고 있다. 그리고 그의 아들
우가야후키아헤즈노미코토(鵜葺草葺不合命)는 아오시마신사에서 해안
을 따라 내려가면 나타나는 우도신궁에서 제사를 지내고 있고 이후
에 진무천황이 되는 그의 손자 카무야마토이와레히코노미코토(神日本
磐余彦尊)는 미야자키 시내에 있는 미야자키신궁에서 제사 지내고 있
어 히무카(日向) 3대가 미야자키에 연고를 두고 모셔지는 것을 볼 수
있다.

태평양을 바라보는
절경 위의 동굴 안에 있는
우도鵜戶신궁

우도(鵜戶)신궁은 미야자키 남쪽의 태평양을 바라보는 니치난(日南)
해안의 동굴 안에 있다. 이곳은 『고사기』, 『일본서기』에 기록된 일본
고대 신화와 관련된 유래가 있는 '히무카신화가도(日向神話街道)'로 연
결된 곳이다.

'히무카신화가도(日向神話街道)'는 미야자키 현 북쪽의 신들의 고향
인 다카치호죠(高千穂町)와 다카치호봉의 고원을 연결하고 미야자키
해안을 따라 연결된 도로로서 천손강림 신화와 히무카(日向) 3대 신
화 등과 앞에서 설명한 백제왕 전설이 깃든 난고손(南郷村)도 연결되
어 있고 다수의 고대 전래 유적, 전통 등이 남아있는 곳을 연결한 도
로이다.

우도(鵜戶)신궁은 10대 천황인 스진천황 때부터 전해 내려오는 오래
된 신사이고 일본 초대 천황인 진무천황의 아버지이자 니니기노미코
토의 손자인 우가야후키아에즈노미코토(鵜葺草葺不合命)를 제신으로
모시고 있다. 원래 해신의 딸인 어머니 토요타마히메(豊玉姫)가 바다
로 돌아가면서 막 나은 아들 육아를 위해 양 유방을 동굴에 달라 붙

여 모유가 계속 나오게 하였다는 바위도 있다. '오찌찌이와(御乳岩)'라는 바위는 지금도 여전히 끊어지지 않고 바위의 맑은 물이 떨어지고 있는 모습을 볼 수 있다.

우도(鵜戸)신궁으로 들어가는 길은 오른쪽으로 태평양이 보이고 밑을 내려다보면 해안가의 바위가 절경이면서 태평양 위에 떠 있는 태양과 바다의 어우러짐이 장관을 이루고 있다. 물론 신성하고 경치가 아름다운 곳이지만 여기저기에 사람들이 낚시하는 여유로운 모습도 보이는 곳이다. 아오시마신사의 빨래판 바위 형태가 이 신사 주변에서도 많이 보이고 있는 것으로 봐서 이 지역도 아오시마 지역과 같이 해식 작용이 있었던 것으로 생각된다.

우도(鵜戸)신궁 들어가는 길

우도(鵜戸)신궁 본전은 태평양을 바라보면서 동굴 안에 건립되어 있다. 바다 쪽으로 확 트인 커다란 동굴 안에 건물이 있고 건물 전체를 둘러볼 수 있을 정도로 동굴이 넓은 공간에 있다. 이 건물은 1711년 개축되고 그 후 여러 차례 수리하였지만, 문화적 가치가 높은 것으로 평가받고 있다고 한다.

그리고 가고시마 오른쪽 지역인 오오스미(大隅) 반도에 니니기노미코토의 손자인 우가야후키아에즈노미코토(鵜葺草葺不合命)의 능인 아이라산상릉(吾平山上陵)이 있으나 우도신궁 위의 산 위에도 아이라산상릉(吾平山上陵) 추정지가 또 하나 있다. 이곳에 그를 제사 지내는 신궁이 있으니 이곳의 능이 우가야후키아에즈노미코토(鵜葺草葺不合命)의 능으로 추정한 것으로 보인다. 이름이 우가야인 것은 상(上)가야를 일본식으로 발음한 것으로 6가야 중 대가야를 뜻하고 있어 가야와 관련 있는 사람일 것이라고 추측해 본다.

해안 절벽 위 동굴에 있는 우도(鵜戸)신궁

근처에 산멧세 이치난이라는 곳에 남태평양의 이스타 섬의 세계문화유산으로 등록된 모아이상 7개가 있다. 태평양을 바라보며 남태평양의 또 다른 문화를 경험하기에 좋은 곳이다. 이곳이 위도상으로 이스터 섬의 맞은편이다.

8.
다카아마노하라高天原와
천손강림 지역 다카치호쵸高千穗町

　미야자키 북쪽의 다카치호쵸(高千穗町)에 다카치호쿄(高千穗峽)라고
해서 수만 년 전에 인근의 아소 산의 화산 활동으로 용암이 분출해
급속히 냉각되면서 협곡이 생기고 약 7㎞에 걸쳐서 주상 절리가 펼쳐
져 있으면서 고대의 신성한 분위기가 그대로 남아 있는 곳이 있다. 이
곳 주변이 일본 최고의 역사서인 『고사기』에 기록된 천손강림신화(天
孫降臨神話)의 발상지로 추측되는 곳이다. 『고사기』에 니니기노미코토
가 쓰쿠시(筑紫)의 히무카(日向) 다카치호(高千穗)의 구시후루타케(久土
布流多氣)에 내려와 "이곳은 한국(韓國)을 향하고 가사사(笠沙) 해안으
로 바로 통해서 아침 해가 직접 비추고, 저녁 해가 비치는 곳으로 이
땅이야말로 좋은 땅이다."이라고 말한 기록을 가지고 이 지역을 이 역
사적인 지역으로 보고 있는 것이다. 다음 장에서 살펴보려고 하는 미
야자키 남쪽 기리시마 지역과의 경계에도 다카치호다케(高千穗峰)라는
봉우리가 있고 그 옆에도 가라쿠니다케(韓國岳)가 있어 그곳 역시 천
손강림신화(天孫降臨神話)의 발상지로 보기에도 전혀 무리가 없다. 이
렇게 신화의 발상지로 추정되는 곳이 2곳이나 있어 이야기를 좀 더

풍요롭게 해 주고 있다. 그래서 일본 내에서도 이 문제를 오랫동안 논의하고 있지만 어느 곳인지 명확하게 결론 내리기는 쉽지 않다.

천손 니니기노미코토가 강림하고 히무카(日向) 3대라고 하는 자손들과 그 후손인 일본의 초대 천황, 진무천황이 나라 지방의 야마토로 가기 전에 생활했던 역사적 근거지는 주로 남부 미야자키 일대임을 생각하면 여전히 혼란스럽다.

북쪽의 다카치호쵸(高千穗町)는 미야자키 북쪽에 있어 미야자키공항에서 이동해서 가기도 하지만 지도상으로 보면 거의 규슈 한복판에 있는 것을 볼 수 있다. 그래서 구마모토 공항이나 오이타 공항에서 이동해도 좋다. 이곳은 한마디로 말하면 관광지 분위기다. 도로 곳곳에 『고사기』와 연관된 안내석들이 있고 신화와 관련된 곳이 여기저기 산재해 있다.

미야자키 현 등에서 발간한 천손강림, 히무카 3대 등 안내서

이 지역의 유적지는 『고사기』에 기록된 일본 신화의 두 가지 내용에 근거를 두는 곳이 많다. 그중 하나는 일본 최고의 신인 태양신 아마

테라스오오카미가 아마노이와토(天岩戶)에 숨는 신화이다.

이자나기가 미조기(褉: 심신을 깨끗하게 하는 것)를 하고 최후에 낳은 신이 다카아마노하라(高天原: 하늘나라)를 다스리는 태양의 신 아마테라스오오카미, 밤의 세계를 통치하는 달의 신 츠쿠요미노미코토(月読尊), 바다를 통치하는 스사노오노미코토(素戔嗚尊) 3신이다. 스사노오노미코토는 황천국에 가서 어머니인 이자나미를 보겠다고 낮이나 밤이나 천지가 요동칠 정도로 크게 울고 여러 가지 난폭한 행패를 부려 이에 공포를 느낀 아마테라스오오카미는 동굴인 아마이와토(天岩戶)에 몸을 숨기고 동굴을 큰 돌로 문을 닫아 버린다. 이 세상을 비추고 있던 태양이 숨어 버리니 천지는 암흑으로 변했다.

이에 8백만의 신들이 아마노야스가와라(天安河原)에 모여 협의하기 시작한다. 아마테라스오오카미를 아마이와토(天岩戶)에서 나오게 할 작전을 짠다. 그래서 8백만의 신들은 아마이와토(天岩戶) 앞에서 연회를 시작한다. 이를 해결하기 위해 아메노우즈메노미코토가 동굴 앞에서 옷을 벗은 채로 재미있게 춤을 추고 여러 신들이 시끄럽게 웃으면서 떠든다. 아마테라스오오카미가 밖이 너무 시끄러워서 굴 문을 살짝 열고 "너희는 왜 웃고 있느냐?"라고 묻자 아메노우즈메노미코토는 "당신보다 더 고귀한 신들이 계셔서 다들 기뻐하고 있습니다." 하고 말하자 아마테라스오오카미는 더 밖의 사정을 알아보기 위하여 동굴 문을 좀 더 열게 된다. 그때 힘의 신인 타치가라오노미코토가 아마테라스오오카미의 손을 잡아 밖으로 끌어내었다. 그러자 세상이 다시 빛이 돌아왔다는 내용이 아마이와토(天岩戶) 신화인데 이 지명이 이곳에 그대로 전해지고 있다.

아마이와토(天岩戶)신사는 서본궁과 동본궁으로 나뉘어 있으며 서본궁에서 아마이와토(天岩戸)라고 불리는 동굴을 어신체로 하여 제사 지내고 있고, 이곳이 있는 산을 신의 영역으로 여긴다. 산 중턱에는 위 신화의 내용을 간직한 아마테라스오오카미가 숨은 동굴이 있다. 동본궁은 동굴에서 나온 아마테라스오오카미가 거주하였다는 장소다. 서본궁이든 동본궁이든 모두 일본 최고신인 아마테라스오오카미를 제사 지내고 있다.

아마노야스가와라(天安河原)라고 하는 장소는 아마이와토(天岩戸)신사 계곡에서 상류로 10분 정도 걸으면 '아마노야스가와라(天安河原)는 이곳'이라는 간판이 보이고 그 하천을 따라 조금 올라가면 나온다. 커다란 동굴이 신비한 분위기를 품고 있는 곳이다. 앞의 신화에서 보았듯이 이곳에서 카쿠라(神樂)의 원형으로도 전해지는 무용을 보면서 연회를 했다는 점도 있지만, 그보다는 '8백만의 신들이 모였던 장소'라는 것이 전해지면서 일본 내에서 역사적 의미는 크다.

또 하나는 천손강림 신화의 근거가 남아있는 곳이라는 것이다. 아마테라스오오카미가 통치하고 있는 다카아마노하라(高天原: 하늘나라)와는 다르게 지상의 아시하라노나카쯔쿠니(葦原中國)는 아직 국가가 아닌 상태일 때 아마테라스오오카미는 손자인 니니기노미코토에게 아시하라노나카쯔쿠니(葦原中國)를 통치하라고 명하고 파견한다는 것이다.

니니기노미코토는 아마테라스오오카미로부터 3종 신기라는 보물을 받고 아메노우스메와 믿을 만한 길안내를 하는 사루다히코 등과 함께 아시하라노나카쯔쿠니(葦原中國)로 출발한다. 일행은 공중에 떠 있는 많은 구름을 헤치고 위풍당당하게 지상을 향해 나아간다. 하늘과 땅의 경계에 있는 아메노우키하시(天浮橋)에 서서 쓰쿠시의 히무카(日向) 다카치호봉에 내려온다. 지상에 내려온 니니기노미코토는 아침 해가 정면으로 비치고 석양이 밝게 빛나는 히무카의 땅에 거대한 집을 짓고 살았다. 이런 내용과 연관된 두 군데의 유적지가 이곳에 있다.

그 하나는 후타가미(二上)신사이다. 『히무카풍토기(日向風土記)』에 니니기노미코토가 히무카의 다카치호의 후타가미(二上) 산에 강림하였다고 하는 기록 속 신사이다. 산 전체를 어신체로 제사 지내고 있는 곳이다.

그리고 이곳에는 니니기노미코토가 하늘에서 강림하여 다카치호궁을 지어 살았다고 하는 다카치호(高千穗)신사가 있다. 특히 이곳에서는 밤 8시에 관광 요카쿠라(夜神樂)라는 극이 공연된다. 이곳을 찾는 사람들은 늦은 시간까지 기다려 이것을 관람하고 돌아간다. 큰 북을 치고 피리를 불면서 극이 시작되면 일본 최고의 신인 태양신 아마테라스오오카미가 동굴에 들어가 나오지 않자 세상이 어두워지고 이를 해결하기 위해 아메노우즈메노미코토가 동굴 앞에서 춤을 추고 여러 신들이 시끄럽게 떠들자 이를 궁금해한 아마테라스오오카미가 굴 문을 살짝 열자 힘의 신인 타치가라오가 손을 잡아 끄집어내어 세상이 다시 환해진다는 내용 등이 극화되어 진행된다.

다카치호(高千穗)신사 인근에는 하늘에서 강림한 니니기노미코토를 제신으로 하는 구시후루(槵觸)신사가 있다. 이 신사는 어려운 한자를 사용하고 있으나 『고사기』에 '쓰쿠시(筑紫)의 히무카(日向) 다카치호(高千穗)의 구시후루타케(久士布流多氣)'라고 언급이 되어 있는 것과 같은 내용으로 보고 있다. 창건 시기는 알려지지 않고 있을 뿐만 아니라 신전도 없고 신사 뒤에 있는 구시후루다케(槵觸峰)를 신체산으로 제사 지내고 있다.

『삼국유사』의 가락국기에 가야의 건국신화인 천강난생신화(天降卵生神話) 속 구지촌(龜旨村)이 있는 구지봉(龜旨峰)에서 6개의 황금알이 들어있는 금 상자가 하늘에서 내려와 6개의 황금알이 늠름한 동자로 변해 6개 가야 연맹체를 건국하였다는 곳의 이름과 『고사기』에서 언급한 다카치호(高千穗)의 구시후루다케(久土布流多氣)와 거의 일치하는 것을 보면 양국의 신화가 깊은 연관성이 있음을 유추해 볼 수 있다.

이 근처에 다카치호 협곡에 마나이(眞名井)의 폭포라는 곳이 있는데 아름다울 뿐만 아니라 보는 것만으로도 심신이 깨끗해지는 느낌을 받는 곳이다. 이곳에서 조금 더 가면 아마노마나이(天眞名井)라는 곳이 있다. 『고사기』에는 니니기노미코토를 쫓아 함께 강림한 아메노무라쿠모노미코토가 이 땅에 물이 없는 것을 알고 하늘나라 고천원으로부터 물의 종자를 이식하였다는 이야기가 있는데 이곳이 그 이야기의 원류라고 전해지고 있다.

7장

천손강림 신화와 바다로부터
도래한 지역

가고시마(鹿兒島)

1.
또 하나의 천손강림 신화가 있는
가라쿠니다케韓國岳,
에비노고원えびの高原,
다카치호미네高千穂峰

　규슈 남쪽의 고원에 여러 개의 화산이 나란히 보이는 기리시마(霧島) 연산(連山)이 있다. 이곳에는 일본 최초의 국립공원으로 에비노고원((えびの高原: 1,200m), 가라쿠니다케(韓國岳: 1,700m), 다카치호미네(高千穂峰: 1,574m) 등의 높은 산들이 즐비하다.

기리시마(霧島) 연산(連山)의 안내판

　최근에는 가라쿠니다케(韓國岳)와 다카치호미네(高千穂峰)의 사이에 있는 큰 봉우리인 신모에다케(新燃岳: 1,421m)에서 화산이 폭발하여 화산재가 4.5킬로미터까지 위로 상승하여 주변 마을이 화산재 피해를 보고 있다. 또한, 가라쿠니다케(韓國岳) 앞에 있는 유황산에서도 최근에 화산 활동이 보이는 등 이 지역은 고대부터 화산 활동이 지속적으로 영향을 주고 있는 지역으로 변화가 많고 풍광이 웅장한 지역이다.

이곳에 화산 분화 활동이 많았다는 기록이 남아있지만, 『고사기』, 『일본서기』에는 일본 건국이 시작되는 천손 니니기노미코토의 강림이 이곳 다카치호미네(高千穗峰)에서 이루어졌다는 기록이 있고, 인근에 가라쿠니다케(韓國岳)가 있어 우리가 관심을 가질 지역이다.

가라쿠니다케(韓國岳)는 직경 900m, 깊이가 300m에 달하는 거대한 화구(火口)가 있는 화산이다. 기리시마(霧島) 연산(連山)에서 1,700m로 가장 높은 산이고 에비노 고원에서 거대한 이 산의 모습을 조망할 수 있다.

미야자키와 가고시마의 경계선에 있는 에비노고원, 가라쿠니다케, 다카치호미네 등은 기리시마야쿠(霧島屋久)공원으로 지정되어 관광객들이 꾸준히 모이는 곳이다. 기리시마에서 오르는 길에는 기리시마 온천 지구가 광범위하게 널려있고 무료로 족욕하는 장소도 여러 곳 있어 여행의 피로를 풀고 있는 관광객들을 볼 수 있다.

에비노고원에서 가라쿠니다케(韓國岳)까지 등산도 가능하다. 가라쿠니다케(韓國岳) 등산로 입구까지 차량으로 올라올 수 있고 이곳에서 1,700m 높이의 정상까지 2㎞ 정도 거리로 약 90분 정도면 등반 가능한 코스인 데다 그렇게 험하지 않아 많은 등산객이 사시사철 찾는 곳이기도 하다. 최근에는 한국에서도 등산객들이 개인적으로든 단체로든 많이 찾는 곳이기도 하다.

1930년대 일본어로 작성된 손진태의 『조선민담집(朝鮮民譚集)』에 에비노 고원에 대한 어원을 유추할 수 있는 이야기가 나온다. 이 책은 조선에 내려오고 있던 신화, 전설, 민속 신앙에 대한 설화, 우화 등이 기록하고 있는데 독특하게 일본의 에비야 고원에 대한 이야기가 들어있는 것이다. 옛날에 조선군이 대거 일본을 정벌하러 간 일이 있었다. 그때 조선군은 일본의 '에비야'라는 들판(原)에서 왜군에게 대패하여, 그 후 '에비야'라는 말만 들어도 몸서리치게 되었다. 이 말은 지금까지도 우리나라에 남아 아이들을 어르는 말이 되었다는 것을 볼 수 있다.

이곳의 '에비야'라는 단어는 위의 이야기에서 유래했다고 설명하는 것이 타당하다고 생각이 드는 게 모 방송에서 이 단어의 유래를 설명하면서 이 고원에 많이 피어있는 갈대 숲의 색깔이 가을이 되면 빨갛게 변해 멀리서 보면 새우 색깔같이 보인다고 한다. 그런데 일본어로 '에비'는 새우를 의미하여 '에비노고원'으로 부른다고 설명했다. 일본에 있는 지명 등에 관해서는 관심을 가지고 살펴보면 의외로 우리말과 깊은 연관성을 찾아낼 수도 있고 또 잘 맞지 않는 내용이 알려진 것을 파악할 기회를 얻기도 했다.

오래되고 꼬불꼬불한 산등성이 좁은 길을 따라 올라가면 에비노고원의 넓은 주차장에 도착한다. 이 주변을 기리시마 지오파크라고도 부른다. 이곳에는 가라쿠니다케(韓國岳)를 바로 정면에서 조망할 수 있는 에비노고원 전망대가 있고, 가라쿠니다케(韓國岳) 등산로 입구 가까이에 에비노에코뮤지엄 센터 등 여러 자연 친화적인 편의 시설물들이 많이 들어서 있어 일본인들뿐만 아니라 관광객들도 꾸준히 찾는 곳이다.

에비노고원(えびの高原)에 있는 에코뮤지엄

에비노 고원 옆에 있는 가라쿠니다케(韓國岳)의 명칭에 대해서 살펴보고자 한다. 일본 땅이건만 한자도 현재 우리나라의 이름인 한국이라는 단어가 남아 있고, '가라의 나라'라는 '가라구니'로 읽히고 있다. 고대에 가라쿠니다케가 있는 에비노 고원에서 왜 땅의 토착세력인 '구노국'과 가야에서 파견된 군대의 일대 혈전이 벌어져 가락국 군사가 전멸하고 현재의 천황제 체제가 출현했다는 설이 있다.

현재 한국악이라는 지명이 남아 있어서 우리에게는 많은 의미를 부여하고 있지만, 그동안에 이 지명 때문에 이 지역이 많은 곡절이 있었을 것이라는 생각이 든다. 한국악은 일본어로 '간코구다케'라고 주로 읽는데 이 산은 '가라구니다케'로 읽는 사유가 있을 것 같다.

가라쿠니다케(韓國岳)로 오르는 길이 있는 주차장

　일본의 최고 오래된 역사서인 『고사기』, 『일본서기』에 나오는 천손
강림신화(天孫降臨神話)는 하늘의 최고신의 자손인 니니기노미코토가
쓰쿠시(筑紫)의 히무카(日向)의 다카치호(高千穂)의 구시후루타케(久土布
流多氣)에 내려와 "이곳은 한국(韓國)을 향하고 가사사(笠沙) 해안으로
바로 통해서 아침 해와 저녁 해가 비치는 아주 좋은 곳"이라고 말하
는 내용이 나온다. 그런데 한국악이 있는 이 깊은 산 속은 '한국을 향
하고 있다', '…해안으로 바로 통해서' 등과 일치하지 않는 것을 알 수
있다. 실제 이곳 전시관에도 '이 산에서 한국(韓國)이 보이나?'라고 반
문하고 있는 큰 그림의 안내판을 볼 수 있다. 앞의 고사기의 기록대로
라면 천손이 강림한 다카치호 앞에 한국이라는 지명이 있는 것을 맞
추기 위해서 가라쿠니타케라고 불러 왔던 것인지, 지나온 역사는 수
많은 궁금증을 자아낸다.
　한국악에서 다카치호노미네로 가는 길은 길 옆에 높은 봉우리들
이 있고, 구불구불하며, 나무가 울창한 숲 속 '천손강림의 길'을 가야
한다.

다카치호노미네(1,574m)로 올라가는 다카치호가와라(高千穗河原) 평원의 주차장 옆에는 다카치호가와라(高千穗河原) 비지터센터가 있고, 그 옆에는 예전의 기리시마신궁의 유적지임을 표시하는 안내판이 있다. 이 주변의 화산 폭발로 이곳에 있던 기리시마신궁은 산 밑으로 이전하여 현재의 위치에 있다.

다카치호가와라(高千穗河原)에서 바라본 다카치호미네(高千穗峰)

다카치호노미네 정상에는 일본 사서에 아마테라스오오카미(天照大御神)로부터 명을 받은 니니기노미코토가 천상 다카아마노하라(高天原)로부터 신들을 인솔하여 강림할 때 손에 쥐고 있던 아마노사카호코(天ノ逆鉾)라는 창을 산 정상에 꽂아 놓았는데 이 창이 지금도 꽂혀 있다고 한다. 아래 전시관에는 이 창의 모형 및 사진 등 구체적인 내용에 대하여 안내하고 있었고 전시장 내에 망원경이 설치되어 있어 이것을 통해서 보면 창이 산 정상에 꽂혀 있는 것을 볼 수 있다.

다카치호가와라(高千穗河原) 평원에서 다카치호노미네 정상까지는 약 1시간 반 정도 올라가는 아주 험하지 않고 평탄한 코스인 데다 역사적으로 의미도 있어서 산 정상에 꽂혀 있는 창을 보려고 사람들이 등산을 하고 있었다.

천손강림의 땅 기리시마 주변에는 한국이라는 지명 외에 천손강림 신화와 전설과 관련하여 많은 것을 유추할 수 있는 곳이 여러 곳 남아있는 것을 알 수 있었다.

2.
기리시마霧島의 유적지들을
조망하는 산 위의
기리시마霧島신궁

　기리시마(霧島)신궁은 JR닛포혼센(日豊本線)의 기리시마(霧島)신궁역에
서 내려 버스를 타고 조금 들어가면 오래되고 웅장한 규모의 기리시
마신궁 앞에 내린다. 거대한 삼나무 숲 안으로 높은 계단을 따라 올
라가면 신전이 나온다. 기리시마 연산(霧島連山) 밑에 위치하여 울창한
숲 속에 신성한 분위기가 나는 신사이다.

기리시마(霧島)신궁 들어가는 길

산 중턱의 신궁 앞에는 기리시마신궁 전망대가 있다. 여기서는 천
손강림신화의 히무가(日向) 3대의 능으로 추정되는 아이라산상릉(吾平
山上陵), 타카야산릉(高屋山陵), 카와이산릉(可愛山陵)과 가고시마의 주
요 지역으로 사쿠라지마(桜島), 이부스키(指宿) 온천 등이 밑으로 내려
보이고 전망대 안내판에 위치도 표시해 놓았다.

또한 이곳은 메이지 유신기의 인물로 현재도 일본인들이 가장 존경
하는 인물 중의 한 명인 사카모토 료마(坂本龍馬)와 부인 오료가 1866
년에 신혼여행을 왔다고 한다. 두 사람은 기리시마 연산에 깊이 들어
가 온천도 하고 천손강림한 다카치호봉에 올라 천손이 꽂아놓은 창
을 구경하였고 기리시마신궁도 참배하였다고 한다. 현재에도 이 부근
은 많은 관광객이 찾는 장소로 '일본 최초의 신혼여행- 허니문 로드'
라는 스토리를 만들어 잘 활용하고 있는 것 같았다.

사카모토 료마의 '일본 최초의 신혼여행- 허니문 로드' 안내판

일본의 큰 신사에는 일본의 국가로 불리는 기미가요(君が代)에 나오

는 '사자래 바위'라는 단어를 상징하는 바위가 종종 보이는 데 이곳에도 사자래 바위를 기념하는 표식이 있었다.

기리시마신궁은 1,840여 년 전 처음 건립될 당시에는 다카치호미네의 분화구 밑에 있었으나 1,400여 년 전 화산 폭발로 소실되어 버렸고, 그 후 같은 장소에 재건하였으나, 약 500여 년 전 또다시 화산 폭발로 불타버려 천손강림제신이제장(天孫降臨祭神籬齊場), 즉 '하늘에서 내려온 천손의 제신을 모셨던 곳'이라는 푯말과 안내판, 도리이만 남아있고 성지로 보존하고 있다. 그리고 1484년 기리시마쵸 다카치호가와라(高千穗河原) 부근에 건축하여 현재의 모습으로 남아있다.

기리시마신궁의 유래에 대한 안내문에는 '기리시마 신궁은 6세기에 창건되어 천조대신의 명을 받아 다카치호미네에 강림한 개국의 조신 니니기노미코토를 모시고 있다'라고 적혀 있다.

기리시마신궁에는 니니기노미코토(瓊瓊杵尊), 황후 3명(코노하나사쿠야히메노미코토(木花開耶姬尊), 토요타마히메노미코토(豊玉姬尊), 타마요리히메노미코토(玉依姬尊))와 그의 아들 히코호호데미노미코토(彦火火出見尊)와 손자 우가야후키아에즈노미코토(鵜葺草葺不合命) 히무카(日向) 3대와 그의 증손자인 초대 진무천황 일곱 신을 모시고 있고 신궁 앞마당에는 수령 750년이라고 적힌 팻말을 한 녹나무가 더 한층 고풍스러운 분위기를 만들고 있다.

『고사기』에는 니니기노미코토가 '쓰쿠시(筑紫) 히무카(日向)의 다카치호(高千穗)의 구시후루타케(久土布流多氣)에 하늘에서 내려왔다'고 쓰여 있고, 『일본서기』에는 니니기노미코토가 '히무카(日向)의 소(襲)의 다카치호봉(高千穗峯)에 하늘에서 내려왔다'고 쓰여있어서, 기리시마 지역에서는 『일본서기』에 서술된 것에 따라 천손강림한 다카치호봉(高千穗

峯)은 기리시마신궁 뒤에 있는 현재의 다카치호봉(高千穗峯)이라고 보고 이를 신성시하고 있다. 하지만 이곳보다 미야자키 북쪽에 다카치호쵸(高千穗町)가 『고사기』의 서술에 따른 천손강림의 지역으로 더 알려져 있고 더 많은 관련 유적지가 있다.

태평양 쪽에서 바라보면 왼쪽에 가고시마신궁, 중간에 기리시마신궁, 오른쪽에 미야자키신궁이 있는 것을 볼 수 있고 그 뒤쪽으로 병풍처럼 기리시마연산이 늘어져 있는데 그중 최고봉이 한국악이고 그 옆에 천손강림한 다카치호봉이 있는 것을 볼 수 있다.

천황가의 고대 대표 신들을 모시는 신사들은 다음과 같은 순서로 계보를 가지고 있다. 이세(伊勢)신궁(天祖, 天照大神), 히코산(英彦山)신궁(天忍穗耳尊), 기리시마(霧島)신궁(天孫, 瓊瓊杵尊), 가고시마(鹿兒島)신궁(彦火火出見尊), 우도(鵜戸)신궁(鵜葺草葺不合命), 미야자키(宮崎)신궁(神日本磐余彦尊: 초대진무천황) 등으로 되어 있다. 대부분이 천손강림 기념지역인 남부 규슈의 가고시마와 미야자키 현에 산재해 있다.

이세(伊勢)신궁과 히코산(英彦山)신궁은 본서에서 따로 언급되는 곳이 없어 이곳에서 간략하게 언급하고자 한다. 이세(伊勢)신궁은 일본 오사카와 나고야의 사이에 있는 미에 현 이세 시에 있는 신사로서 일본 천황의 최고의 조상신으로 섬기는 아마테라스오오카미를 제신으로 모시는 곳으로 신도에서 가장 신성한 곳으로 여기는 곳이다. 이세신궁에서 가장 특이한 것은 20년을 주기로 신전들을 다시 짓는다는 것이다. 그래서 현재의 모습은 690년에 지어진 최초의 궁과 동일하다고 한다. 수많은 한반도의 생활 풍습이 일본에 전해졌듯이 이곳의 건축 양식이 고대의 한반도의 건축 모습은 아닐까 유추해 본다.

히코 산(英彦山)은 옛날부터 신의 산으로서 숭상되었던 영산이고,

히코 산(英彦山)신궁의 제신은 이세(伊勢)신궁의 제신인 아마테라스오오카미(天照大神)의 아들인 아마노시호미노미코토(天忍穂耳尊)인 사유로 '히노코노야마(日の子の山)', 즉 태양의 아들 산(日子山)으로 불리고 있었다. 그 후에 일본어로 '日子'를 히코(彦)로 읽는 것으로 변경하고 하사된 글자 영(英)을 포함해서 히코 산(英彦山)으로 변경되어 지금에 이른다고 한다. 히코 산(英彦山)은 중세 이후에 신의 신앙에 불교가 습합되어 수험도의 도장으로 번창하였으나 메이지유신 이후 신불 분리령에 의하여 히코산(英彦山)신사가 되었다가 히코산(英彦山)신궁으로 변경되어 오늘에 이르렀다고 한다.

기리시마(霧島)신궁

기리시마(霧島)신궁은 일본의 많은 문인들이 이곳을 방문하여 기록한 내용들 중에 사이토우 모키치(齊藤茂吉)의 『남국기행(南國紀行)』이라는 기행문에 이 지역의 풍광을 언급하면서 한국악을 언급하는 내용도 나오는 것을 볼 수 있다.

소화 14년(1939년) 10월 6일 저녁 기리시마 하야시타(林田)온천에 도착했다. 하늘이 맑아서 사쿠라지마, 카이몬타케(開聞岳) 방면까지 한 눈에 들어오고, 비늘구름이 길게 뻗쳐있고, 오는 길부터는 다카치호도, 가라쿠니(韓國)도 아주 청명하게 보여서 신비스럽고 풍요로우며 거대한 풍경이 되었다.

이곳 주변은 울창한 산림지역으로서 '규슈자연보도' 기리시마 코스의 중간지점 중 하나로 연결되어 있어 트레킹하기에 아주 좋은 장소로 보인다.

또 신궁 앞의 관광안내소에는 무료로 이용할 수 있는 족욕탕이 있어 여행의 피로를 풀 수 있다.

이 지역 주변인 아이라(始良) 군 지역, 고쿠부(国分) 지역 및 하야토(隼人) 지역에 걸쳐서 한국 관련 유적이 많이 산재해 있다. 또 인근에 한국우두봉(韓國宇豆峯) 신사가 있다.

이 신사는 합천 가야산의 최고봉인 우두봉(牛頭峰)을 연상시킨다. 제신은 진무천황의 큰형인 이쯔세노미코토(五十猛命)이지만 고대 가야와 관계가 있는 듯하다.

『김해김씨왕세계』에 있는 다음과 같은 내용으로 김수로왕의 7왕자가 일본에 도항했다고 추론해 볼 수 있다.

왕자휘선견(王子諱仙見), 여신녀승운이거(輿神女乘雲離去), 왕욕등강석도암(王欲登江石島岩), 초선명영(招仙銘影), 고속전왕초선대(故俗傳王招仙臺)
선견이라는 왕자가 신녀와 더불어 구름을 타고 떠나서, 왕이 낙동강에 있는 돌섬의 바위에 올라가, 선견왕자를 부르는 그림을 새겼다. 그러므로 이를 왕의 초선대라 전해지고 있다.

금관가야의 2대왕인 거등왕 때 수로왕의 10남 2녀 중 두 왕자와 공주의 행적을 추적해 선견왕자와 묘견공주가 이곳 기리시마 지역으로 와서 세력을 확대한 것은 아닌가 추론해 볼 수 있다.

가고시마 오른쪽 지역인 오오스미(大隅) 반도에 니니기노미코토의 손자인 우가야후키아에즈노미코토(鵜葺草葺不合命)의 능인 아이라산 상릉(吾平山上陵)이 있는데, 이름이 우가야인 것은 상가야를 일본식으로 발음한 것으로 6가야 중 대가야를 뜻하고 있고, 아이라도 아라의 의미인 것으로 보여 가야와 관련 있다고 볼 수 있다.

3.
정벌과 패망을 거듭한
독수리 인간 종족의 역사가 있는
하야토쯔카隼人塚

　고쿠부 시(国分市) 하야토쵸(隼人町)에 하야토쯔카(隼人塚)사적관이 있고 그 옆에 하야토쯔카(隼人塚)가 있다. 하야토쯔카(隼人塚)는 나지막한 봉토 위에 3중 석탑 3기와 사천왕상, 일그러진 모습의 범부상이 세워져 있는 것을 볼 수 있다.

　하야(隼)는 맹금류인 독수리이고 하야토(隼人)는 독수리 인간, 즉 독수리처럼 하늘에서 날아온 인간이라는 말로 한반도에서 도래한 인간들이라는 의미로 볼 수도 있지 않을까 생각해 본다.

하야토쯔카(隼人塚)

이 지역에 대한 기록으로는 『고사기』, 『일본서기』에 게이코(景行)천황 때 왕자 야마토다케루(日本武尊)가 구마소를 토벌했다는 기록이 있다. 그리고 그 무대가 이 사적 공원이 있는 지역의 주변인 하야토쵸(隼人町) 묘견온천이 있는 구마소노아나(熊襲ノ穴)라는 지역인 것으로 전해지고 있다. 그러나 이 이야기는 사실로서 확인되지 않아 전설의 장소로 취급되고 있다.

또한, 하야토쯔카(隼人塚)는 『고사기』, 『일본서기』에 720년경 고대 남부 규슈의 주민 중 구마소의 하야토의 반란 시 죽은 주민들을 위로하기 위해 건립된 것으로 알려져 있는 곳이다.

좀더 구체적인 내용을 안내판에서 아래같이 설명하고 있다.

전설에 따르면 게이코(景行)천황, 주아이(仲哀)천황 때에 정벌된 구마소(熊襲)의 죽은 영혼을 달래고 그 재앙을 피하기 위해 708년에 이것을 세우고 공양을 드렸다고 구전되고 있다. 또한 예전에는 보리사(菩提寺)의 쯔카(塚)라고 하는 것을 가고시마신궁의 신관이 구마소쯔카(熊襲塚)라고 명명하고 그 후에 다시 하야토쯔카(隼人塚)라고 불리게 되었다고 한다. 하야토쯔카는 사원의 유적이라고도 생각되므로 구니카(國衙)로부터 거리를 생각하면 오오스미국분니(大隅國分尼)사의 유적이 아닐까 하고 추측하는 사람도 있다. 하야토쯔카에 대해서는 이상에서 나열한 세 가지로 추측되나, 확실치 않은 부분이 많다. 그러나 어쨌든 낮은 봉토 위에 돌로 만들어진 다중탑 3기와 사천왕상도 안치된 이 같은 형식은 일본의 다른 곳에서는 찾아볼 수 없는 학술상 귀중한 자료이기 때문에 관심을 많이 받고 있는 지역이다.

그리고 남부 규슈 지역은 일본국이 시작하는 천손강림의 이야기의 무대인 것은 여러 곳에서 살펴보았지만, 이곳 하야토 지역도 히무가

(日向) 3대 신화와도 관련이 있는 곳으로 전해지고 있다.

하야토쯔카(隼人塚) 안내판

앞에서 언급한 우미사치히코(海幸彦), 야마사치히코(山幸彦)의 이야기에서 아마쯔히코히코호오데미노미코토(天津日高日子穗出見命)(=山幸彦)는 형 호데리노미코토(火照命)(=海幸彦)을 복종시키고 황실의 계통을 이어가지만, 형 호데리노미코토(火照命)(=海幸彦)에 대한 언급은 없는데 이곳에서 하야토(隼人)의 선조가 되어서 대대로 조정을 섬겼다고 한다.

하야토쯔카(隼人塚)의 옛 이름이 구마소쯔카(熊襲塚)이었던 적이 있다고 앞에서 언급했는데 이 이름은 가고시마신궁의 신관이 명명했다. 가고시마(鹿児島)신궁도 고쿠부 시 하야토쵸에 있는 신사이고, 다카치호가와라(高千穗河原)에 있는 기리시마(霧島)신궁, 센다이(川內)의 니이타(新田)신사와 함께 니니기노미코토를 제신으로 모시는 가고시마의 3대 신궁이다.

니니기를 제신으로 하는 고쿠부(国分)유적, 가야 유적에 많이 나오는 거북이 상이 가고시마신궁 경내에 있는 것, 가고시마 고쿠부 시일대 아모리가와(天降川)의 지명을 보면 천손강림과 관련이 있는 가야족의 활동 지역 아닌가 하는 생각이 든다.

4.
하야토족의 근거지에 있는
가고시마鹿兒島신궁

　가고시마신궁은 하야토(隼人) 역에서 내려 10분 정도 걸어가면 갈
수 있다. 역 광장에는 '사이고 다카모리와 관련 있는 땅, 하야토에 온
것을 환영합니다'라는 푯말이 크게 걸려 있다. 2018년이 메이지 유신
150년 되는 것을 기념하기 위하여 남부 규슈 여기저기에서 메이지 유
신 관련 인물들을 많이 활용하고 있는 것 같다. 조그마한 소도시의
깨끗하고 한적한 상가와 주택가를 여유롭게 걸어가다 보면 신궁 입
구 표시가 보이고 주도로에서 조금 들어가면 신궁이 나온다.

가고시마(鹿兒島)신궁으로 가는 하야토(隼人) 역

또한 시내 전체가 조용한 분위기인 것처럼 신궁도 울창한 숲속에 둘러싸여 있지만, 사람들이 거의 안 보일 정도로 아주 조용한 분위기였다.

가고시마신궁에서는 니니기노미코토의 아들 히코호호데미노미코토(山幸彦)와 부인 토요타마히메(豊玉姫), 14대 주아이(仲哀)천황, 진구(神功)황후, 15대 오진(應神)천황, 오진의 황후 등 6명의 신을 모시고 있다.

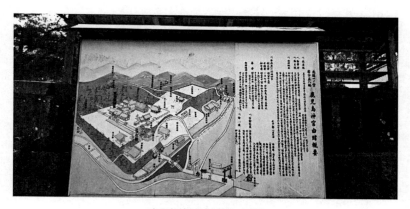

가고시마(鹿兒島)신궁 안내판

신궁의 창건은, 전하는 유래에 따르면 '진무천황 때에 히코호호데미노미코토(山幸彦)의 궁전이었던 다카치호궁을 신사로 하였다'라고 되어 있어, 역사적으로 의미 있는 곳으로 알려져 있다.

신궁 앞에는 아모리가와(天降川)가 흐르고 있다. 이 지역은 천손강림의 신화가 있는 곳이라 그런지 강의 이름도 예사롭지 않다. 본전 건물은 현 내에서 가장 오래된 목조 건축물로 오래된 분위기가 울창한 주변 산림과 잘 어울리는 것 같다.

가고시마신궁에는 본전 옆에 '용궁의 가메이시'라는 기이한 모습의 거북돌(龜石)이 있다. 또 수령 800년 된 녹나무가 신사 경내에 있고 주변에는 수령이 오래되어 보이는 나무들이 울창하게 들어서 있다. 후쿠오카의 가시이궁에도 있듯이 진구황후와 관련 이 있는 신사에는 경내에 다케우치쓰쿠네의 신사가 많이 보이는데 이곳에도 있었다.

신사 인근에는 기리시마시하야토(霧島市隼人)역사민속자료관이 있어 가고시마신궁 관련 자료와 하야토쵸(隼人町) 내의 고고학적 유물 자료들이 전시되어 있다.

5.
미나미南 사쯔마薩摩 지역,
일본발상日本發祥의 땅

    일본발상의 땅(日本發祥の地)은 남부 규슈 가고시마 현의 사쯔마 반도 서남쪽 끝 가세다(加世田) 시에 있는 곳으로 시내에서 서쪽으로 가다가, 안내 표식을 따라 좁은 길을 조금 들어가면 커다란 바위에 그 유래를 설명하는 안내석이 세워져 있다.

일본발상의 땅(日本發祥の地) 표지석

    『고사기』, 『일본서기』의 기록을 기반으로 천손 니니기노미코토가 히무카(日向)의 다카치호미네에 강림한 이후에 미나미 사쯔마의 이 지역으로 내려와 궁궐을 짓고 고대 일본을 시작했다고 하여 이곳을 일본 발상의 땅이라고 부르고 보존하여 관리하는 유적지이다.

그 옆의 계단을 올라가면 가사사궁지(笠狹宮趾)가 있다. 이곳은 천손 니니기노미코토가 다카치호미네에서 내려와 코노하나사쿠야히메(木花開耶姫)를 황후로 맞아 최초로 궁궐을 마련한 곳이다. 그리고 호데리노미코토(火照命), 호스세리노미코토(火須勢理命), 호오리노미코토(火遠理命) 세 아들을 낳고 기른 곳이라고 설명하는 안내판을 두고 있다.

이 신화의 고향 모시기노(舞敷野)에는 일본 최초의 천황의 선조인 니니기노미코토와 코노하나사쿠야히메(木花開耶姫)의 궁전인 가사사의 궁(笠狹ノ宮)이 있었다고 전해진다. 이 궁의 맞은편에 있는 산, 다가야가오(竹屋ヶ尾)에서 3인의 황자가 태어났다. 이 3왕자 중에 장남인 호데리노미코토(火照命)는 하야토(隼人) 일족의 조상이 되었고 삼남인 호오리노미코토(火遠理命)는 히무카(日向)로 원정을 가고 그 후에 손자인 카무야마토이하레히코노미코토(神日本磐余彦尊)는 일본의 최초의 천황인 진무천황이 되었다고 전해지고 있다. 또한 차남인 호스세리노미코토(火須勢理命)는 이나호(稻穂: 벼 이삭)의 신이 되었다고 전해지고 있다.

『일본서기』에는 니니기노미코토가 아다(吾田)의 큰집이 있는 가사사(笠狹)의 바닷가에 상륙한 후, 『고사기』에는 아침 해가 직접 내리쬐고, 저녁에도 해가 비치는 아주 길한 땅에 궁전을 건축했다고 전해진다. 후세엔 이곳을 가사사의 궁(笠狹ノ宮)이라 불렀다. 그리고 이 땅은 고쟈야시키(御座屋敷: 천왕의 저택)라고 불리고 있으면서 큰 의미를 부여하고 관리되고 있었다.

가사사궁지(笠狹宮趾)

이 주변인 가세다(加世田) 시의 서쪽 노마(野間) 반도에 가사사쵸(笠沙町)가 있고 그곳에 '신대 성 유적 니니기 상륙의 땅'이라고 쓴 비도 있어서 이 주변 일본발상의 신화와 연관된 곳들을 많이 기념하고 있는 것 같다.

이곳은 태평양 전쟁 전 가고시마 현이 일본 신화와 관련 있는 땅으로써 지정해서 관리하고 있었으나, 군국주의 시대와 태평양 전쟁을 거쳐오면서 일본의 건국신화도 다양하게 연구되고 유적지 유물도 발굴되면서 많은 변화를 거쳐 온 것으로 보인다. 그런 사유도 있어서인지, 또는 일본 내의 규슈 그것도 남쪽 끝 부근에 있어서인지, 마을 주민들에게 물어보는데 의외로 아는 사람이 적었던 것 같다.

6.
메이지유신의 역사와
갑돌천甲突川, 고려정高麗町

가고시마(鹿兒島) 지역은 야마구치(山口) 지역과 함께 일본 근대화의 중심이 된 메이지유신(明治維新)이 태동하고 시작됐던 주요 지역 중 한 곳이다. 2018년은 1868년 시작된 메이지 유신으로부터 150년이 되는 해이다. 그래서 그 당시를 조명하는 다양한 행사들이 진행되고 있는 것을 볼 수 있었다.

메이지유신 이전 사쓰마에서 보낸 해외유학생 안내판

사쯔마(薩摩: 가고시마의 옛 이름)는 일본 규슈의 남쪽에 있으며 해양으로 세계로 뻗어 나가는 관문인 지역이었다. 오키나와 지역을 통해 중국과의 교류도 활발했고, 서양의 새로운 기술과 문화도 다른 지역보다 지리적 특성상 빠르게 접한 곳이기도 하다. 사쯔마는 일본이 쇄국 시대임에도 좀 더 빠르게 외국에 눈을 돌려 중앙 정부와는 별도로 영국에 많은 유학생을 파견하여 미래를 준비하기도 했다.

이 지역 출신으로서 정한론(征韓論)을 강하게 주장했던 인물이라 우리는 부정적으로 생각하지만, 일본인들은 일본을 근대 개혁으로 바꾼 위대한 위인으로 생각하는 사이고 다카모리(西鄕隆盛)에 대한 흔적이 여기저기에 있다. 톰 크루즈, 와타나베 켄이 출연한 영화 '라스트 사무라이'의 주인공인 사이고 다카모리라는 캐릭터를 통해서 일본이 전통을 유지하고 신문명을 흡수하는 모습을 표현했던 것이 기억난다.

1868년 막부를 무너뜨리고 천황을 앞히면서 메이지 유신을 성공시킨 기도 다카요시(木戶孝允), 사이고 다카모리(西鄕隆盛)와 오쿠보 도시미치(大久保利通)의 유신 3걸 중 사이고 다카모리(西鄕隆盛)는 메이지 신정부의 군 최고사령관이 되어 막부군을 격파하고 무혈로 에도(현재의 도쿄)의 성문을 열게 하여 입성한다. 그러나 그 후 사이코 다카모리(西鄕隆盛)는 조선을 정벌해야 한다는 정한론(征韓論)을 내세우면서 출병하려 하지만 다수 의결로 무산된다. 그러자 사이고 다카모리(西鄕隆盛)는 가고시마로 돌아가 세이난(西南)전쟁이라 불리는 무장 반란을 일으켰다가 정부군의 토벌에 밀려 자살한다.

당시 한반도에는 조선이라는 나라가 있었으니 '정한론'이 아니라 '정조론'이어야 하는데 왜 일본은 '정한론'으로 한국을 정벌한다고 하였을까? 일본은 『일본서기』에 진구황후의 삼한정벌이라는 기사가 기록되어 있듯이 고대부터 한반도를 한국이라 생각해 오고 있었다.

가고시마주오(中央) 역 인근에 흐르는 강인 고쯔키가와(甲突川: 갑돌천) 강가를 따라 '유신 후루사토의 길'이라고 공원 같은 공간이 조성되어 있다. 이곳은 '이로하 노래 광장'과 하급 무사 저택 등을 배치하여 산책을 즐기도록 잘 정비되어 있다.

코쯔키가와(甲突川: 갑돌천) 워킹 안내도

이곳의 이로하 노래는 가고시마의 옛날 이름인 시마즈를 중흥시킨 시마즈 다다요시가 사람의 도리, 삶의 태도, 위에 서는 자의 마음가짐 등을 알기 쉽도록 노래의 형태로 만든 것이다. 이 노래는 1545년에 만들었는데 모두 47개로 되어 있다. 히라가나 47개 문자 모두 한 번씩만 사용해서 만든 자모 노래이다. 앞의 3개 정도의 노래만 소개하고자 한다.

옛 선조들의 훌륭한 가르침도 스스로 행동하지 않으면 안 된다.

인간은 부유와 가난이 아닌 마음가짐에 따라 진정한 가치가 결정
된다.

오늘의 일을 내일로 미루지 않고 현재를 중요시해야 한다.

이곳의 이신후루사토관(維新故鄉館)에는 메이지 유신을 함께 추진했
던 가고시마 출신 사이고 다카모리(西鄉隆盛)와 오쿠보 도시미치(大久
保利通)의 사상인 게이텐아이진(敬天愛人: 하늘을 공경하고 사람을 사랑한
다)과 이세이세이메이(爲政淸明: 정치를 깨끗하고 밝게 한다) 등을 크게 패
널로 만들어 전시하며 설명하고 있었다. 위의 사상은 저자가 어린 시
절 교육받을 때도 많이 들었고, 현재도 중·고등학교에서도 많이 배우
는 내용인데 150년 전 일본의 메이지 유신의 주도자들의 사상이었다
니, 너무 익숙한 사상이라 비슷한 문화권의 두 나라가 공감할 수 있
는 내용이라는 생각이 든다.

이곳은 유네스코 세계문화유산으로 등록되어 보존하고 있는 메이
지 일본의 산업혁명 유산(제철, 제동, 조선, 석탄산업)을 설명, 전시하고
있다. 일본의 근대화는 서양 이외의 지역에서는 최초로 단기간에 급
속도로 발전하여 세계사적 가치가 있고 그 산업 유산군이 규슈에 집
중되어 있다고 설명하고 있다.

고려라는 지명은 JR고마가와(高麗川) 역, 고라이바시(高麗橋), 고마가
와(狛江), 고마(高麗)신사 등 주로 도쿄 인근의 사이타마(埼玉) 지역 근
처에 많이 남아 있으나, 규슈의 가고시마에도 고라이쵸(高麗町), 고라
이바시(高麗橋)가 있다. 고라이바시(高麗橋)는 한국말의 '갑돌이와 갑순
이'에서 전래된 것 같은 느낌이 드는 코우츠키가와(甲突川: 갑돌천) 주변
의 '유신 고향의 길'을 건너는 다리 이름으로 남아있고, 그 주변이 고

라이쵸(高麗町)라는 지역 명으로 남아 있다. 그리고 고라이쵸(高麗町) 출신의 많은 인물들이 메이지유신에서 여러 역할을 한 것을 이신후 루사토관(維新故鄉館) 전시 내용에서 볼 수 있었다.

고라이바시(高麗橋) 안내석

고라이바시(高麗橋)는 강폭이 꽤 넓은 코우츠키가와(甲突川)을 건너는 다섯 개의 석교 중 두 번째로 길고, 네 개의 아치로 이루어진 예술적 가치도 있는 아름다운 다리였다. 그러나 1993년 8월 집중 호우로 일부 석교가 유실되면서 1997년에 새로운 다리를 만들어 현재에 이르고 있다. 옛 다리는 시내의 기온노스(祇園之洲) 지구에 이설 복원해 놓았다.

가고시마주오 역 광장에는 젊은 사쯔마의 군상(若き薩摩ノ群像)이라고 1865년에 일본 근대화를 위해 사쯔마 번에서 극비리에 해외 유학을 보낸 젊은 유학생들의 군상 17명이 세워져 있다.

가고시마에서 배를 타고 15분 정도 바다를 건너가면 있는 사쿠라지마에는 용암해안공원이 있고 그 안에는 100㎡ 정도의 일본 최대 규모의 족욕 시설이 있어 여유롭게 주변을 둘러보면서 여행의 피로를 풀며 시간을 보내기에 좋은 곳이다. 사쿠라지마는 지금도 계속 화산재가 분출하고 있는 활화산이고 이 주변은 화산재의 피해를 지속해서 받는 곳이다. 사쿠라지마에서 가고시마를 뒤로하는 지역에 고세(居世)신사가 있다. 바람의 방향 때문에 사쿠라지마에서 기리시마로 가는 길에 화산재를 많이 뒤집어쓰고 있는 신사인데, 이름이 신라의 초대왕 박혁거세의 한자 거세(居世)를 쓰고 있어 신라와 관련 있는 신사인 것 같다.

7.
고향을 잊을 수 없는 미산美山마을
- 심수관 도예관壽官陶苑,
도고시게노리東鄕茂德기념관,
다마야마玉山신사

　가고시마 서쪽에 미산(美山)이라는 마을에 있다. 이곳에는 심수관
도예관, 도고시게노리(東鄕茂德)기념관, 다마야마(玉山)신사가 있는데
이곳은 남규슈 카고시마혼센(鹿児島本線)의 히가시이치키(東市来) 역에
서 내려 30분 정도 걸어가면 나오는 조용한 마을이다.

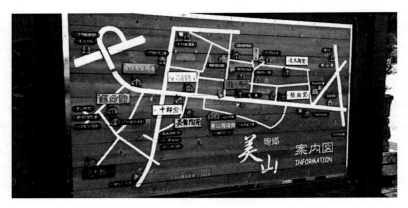

미산(美山) 마을 안내도

　도향(陶鄕) 미산(美山) 마을 안내도가 있는 마을 중심지에 심수관 도

예관(壽官陶苑)이 있다. 이 마을은 도자기 공방들이 모여있는 곳으로 안내도를 보면 한반도와 관련 있는 유적이 많이 표시되어 있는 것을 볼 수 있다. 심수관도예관(壽官陶苑), 도고시게노리(東鄕茂德)기념관, 다마야마(玉山)신사, 박평의(朴平意)기념비, 한일우호의 석탑, 한일우호의 불꽃 등이 보인다.

이 주변에는 1598년 정유재란 때 남원 등지에서 붙잡힌 도공 심당길 일행이 시마즈(島津)에 처음 닿은 구시키노 해변의 바위 선착장도 있고, 조선 도공이 이곳에 온 것을 기념하는 사쯔마요개조착선상륙기념비(薩摩燒開祖着船上陸記念碑)도 세워져 있다. 남원과도 교류하여 남원의 춘향테마파크의 심수관도자전시관에서 사쯔마 도자기를 전시하고 있다.

사쯔마 번(薩摩藩)과 나에시로가와(苗代川)의 조선 도공의 유래와 정착에 대해서는 모토(元) 외상(外相) 도고시게노리(東鄕茂德)기념관에 전시된 내용에서 구체적인 이야기를 살펴볼 수 있다.

1722년 나에시로가와(苗代川) 전체의 주민들에게 조선에서의 성씨를 사용해도 된다고 허가가 되었다. 그때 사쯔마 번(薩摩藩)에서 확인했던 성은 정, 백, 이, 최, 김, 하, 강, 박 등의 17성이었다. 약 125년 전 1598년 겨울에 조선 도공이 도래했다. 3개 지역에 각각 43명, 10명, 20명 정도가 배를 타고 도착했다고 전해진다. 그리고 추가로 5개 성씨가 확인되어 22개 성씨의 주민들이 조선에서 도래한 것으로 알려졌다.

사쯔마 번(薩摩藩)은 조선으로부터 도래했던 사람들의 집단 거주지를 나에시로가와(苗代川)로 정해 사회기반과 공방의 생산기반을 보호하고 조선 풍속화의 통제를 병행했다. 주민에게는 처음부터 집이랑

경작지 등을 지급하였다. 이러한 보호는 인구 증가를 촉진했고 많은 사람들이 이주해 들어와 1758년에는 인구가 약 1,400여 명에 달했다고 한다.

도자기생산에 대해서도 백토의 발견 이후 관리가 직접 상주하여 생산을 관리하고 연료가 되는 산림의 채취와 육성도 편하게 지원하였다. 1675년에는 본국인 조선의 성명으로 개명해도 되고, 조선 의복의 착용, 조선어의 사용, 젊은 사람에 대해서는 명절 때 조선식 상투 허락 등의 조선화 정책을 추진했다. 이곳의 사쯔마 번(薩摩藩) 시마즈(島津) 가문의 전폭적인 보살핌 아래 좋은 대우를 받으면서 전통을 유지, 발전해 온 것으로 보인다. 위의 조선화 부문 외에도 고려 씨름과 고려 춤의 전파, 일본인 여러 모임에서의 조선어의 보다 많은 사용, 통역 등으로 조선어의 대담을 확대하도록 명하기도 하였다고 한다.

그리고 사쯔마 번의 정책에 따라 집락 안에서 조선의 풍속을 보존했던 나에시로가와(苗代川)는 일본의 다른 곳에서는 예가 없는 독특한 지역성을 갖고 있게 되었다. 그런 인상적인 광경이 18~19세기에 이 지역을 방문한 일본의 유명인들이 남긴 기록에서 볼 수 있다.

1782년에 이곳을 방문한 다치바나 난케이(橘南谿)의 저서 『서유기(西遊記)』에 나에시로가와(苗代川)에 살고 있는 사람들의 심정을 잘 이야기한 단어, 문장이 있다. 시바 료타로(司馬遼太郎)의 저서 『고향을 잊을 수 없습니다』의 타이틀은 이 책으로부터 차용했다고 한다. 이국의 땅에서의 생활이 200여 년이 넘어가면서 고국을 사모하는 마음을 잘 표현해 주고 있는 것으로 보인다. 이곳에서 남성들은 조선식의 성과 이름을 사용하고 있었고, 여성들은 일본의 이름이 많았으나 조선식 이름도 조금 있었다고 한다. 특히 이 씨 성이 많았다고 기록하고 있다.

심수관요(沈壽官燒) 쪽으로 올라 입구를 들어서서 조금 걸으면 공방이 나오고, 그 옆의 정원에는 시바 료타로(司馬遼太郞)의 저서 『고향을 잊을 수 없습니다』의 제목을 적은 석비가 보인다. 14대 심수관을 주인공으로 하는 소설을 기리는 석비였다. 그 옆에는 시바 료타로가 소설 취재하러 이곳을 방문한 것, 그의 명작 기행문인 『가도(街道)를 가다』에서도 미산(美山) 마을을 다뤄준 것 등 30여 년간 작가와 관계 맺어 온 것을 기념하는 비도 있었다. 밑으로 내려가면 15대 심수관의 갤러리와 도자기 판매점이 있다. 그 옆으로 옛날 모습의 도자기 굽는 가마가 있는데 지금도 이곳을 사용한다고 한다.

일본의 유명한 작가 시바 료타로(司馬遼太郞)의 저서 『고향을 잊을 수 없습니다』에도 언급되었듯이 이곳은 길을 따라 양옆에 대나무 숲이 무척 우거져 있다. 시바 료타로(司馬遼太郞)라는 작가는 한국에 대해서도 많이 관심을 가졌는데, 총 43권으로 된 일본 전국 기행문인 『가도(街道)를 가다』의 두 번째 권으로 「韓나라 기행」을 펴낸다. 그 안에서 가야, 신라, 백제의 관심 지역을 여행하면서 느낀 점들을 상세하게 적고 있었다.

시바 료타로(司馬遼太郞)의 『고향을 잊을 수 없습니다』에 수록된 미산(美山) 마을에 대한 내용을 일부 보고자 한다.

마을 그 자체가 이미 명품이다
예전부터 이곳을 방문했는데 고명한 도예가가 있다고 한다.
나는 밖으로 나가니 전방에 퍼지기 시작하는 풍경이라고 하는 것은, 그것을 어떻게 형용하면 좋을까.

구릉은 낮고, 하늘은 넓고, 그 아래 바다를 숨기고 있는 듯
땅에 있는 것들은 바다 햇살에 빛나고 있다.
도로가 하얀 화산재라서 그런지 표백된 것처럼 하얗고,
어떤 나무들의 녹음도 부자연스러울 정도로 연하다.
조선의 산과 강이었다.

70년대의 한국을 방문하여 경험한 느낌이었던 것 같다. 현재 우리
나라는 울창하게 우거진 숲의 모습을 갖고 있지만, 그 당시는 벌거숭
이 민둥산으로 황량한 산하였을 것이다. 일본의 작가가 오래전에 쓴
책에 느낌을 적은 것이라 의미가 있어 보인다.

현재는 15대 심수관이 이곳을 지키고 있다. 정문에는 사쯔마야키
종가 14대 심수관, 대한민국명예총영사관의 푯말이 붙어 있었다.

심수관 도예관 뒤쪽으로 가면 모토(元) 외상(外相) 도고시게노리(東
鄕茂德)기념관과 미산지구공민관이 같이 있다. 들어가는 입구에는 다
음과 같이 안내하고 있는 것을 보고 일본에서 열심히 살아온 선조들
의 활동이 알려지고 있어 뿌듯한 마음이 들었다.

미야마(美山)에 이주해 살았던 도공들의 역사-1603년 이곳에 온 조
선 도공들은 박평의(朴平意)를 지도자로 해서 번(藩)의 원조로 도자기
를 굽기 시작한다. 박평의, 박정용 부자는 백자를 만드는 데 필요한
백토를 발견하여 사쯔마 도자기에 큰 족적을 남긴다. 히가시이치키쬬
(東市来町) 미야마 부근에 흩어져 있는 가마터에서 많은 파편이 출토
된 것으로 그들의 창의력과 연구를 알 수 있었다.

모토(元) 외상(外相) 도고시게노리(東鄕茂德)기념관

　사쯔마 번과 시마즈 가문은 에도 시대를 통해 도자기의 융성에 힘을 기울여 우수한 기술을 가진 도공들에게 융숭한 대접을 했다. 또 그것과 동시에 조선 도예의 미를 올바르게 보존 전승하기 위해 독특한 봉쇄 정책을 취한다. 이러한 번의 정책과 마을 사람들의 자신감과 고국에 대한 그리움으로 나에시로가와에는 메이지 시대가 끝날 무렵까지 조선의 풍속 및 언어가 남겨졌다. 나에시로가와 도공의 수호신을 모시고 있는 다마야마(玉山) 신사에서는 머나먼 고향을 그리워하는 제사가 행해지고 있다.

　1867년 파리에서 열린 만국박람회에 사쯔마 번은 막부와는 별도로 '일본 사쯔마태수정부'의 이름으로 참가했다. 그 당시 나에시로가와의 도공인 박정관이 제작한 백자도 출품되어 사쯔마도자기의 이름은 널리 유럽까지 알려지게 되었다.

　다마야마(玉山)신사는 미산 마을 중심에서 서북의 고지에 있다. 이곳을 찾아가는 것은 쉽지 않았다. 미산 마을 입구에 있는 몇 개의 집들이 있는 좁은 오르막길을 따라 올라가면서 신사를 찾았으나 잘 보이지 않았다. 다행히 언덕 위에 있는 신사 도리이를 발견한다. 도리이를 지나 조금 오르면 우리나라 전라남도 보성 지방에서 많이 본 일본 차 밭이 넓게 펼쳐있는 길이 보인다. 차 밭을 왼쪽으로 하면서 산책하듯이 여유롭게 걸어가니 조그마한 산 안에 다마야마신사가 나왔다.

이 신사는 에도 시대에는 다마야마궁이라 불렸다고 한다. 단군을 제사 지내는 궁인데 거대한 바위를 신체로 모시고 있었다. 1605년에 건립되어 현재까지 지역 주민들의 마음을 얻어 꾸준히 찾고 있는 신사가 됐다. 1766년 시마즈 가문은 다마야마궁을 도자신으로서 제사 지내도록 사전을 조영했다. 그 이후 번에서 계속 유지 관리해 왔다고 한다. 메이지 시대 후반부터 니니기노미코토, 스사노오 등 일본 건국 신화의 신들을 함께 모시고 있다. 1917년에 개축하여 현재에 이르고 있다. 1867년 기록된 『다마야마궁유래기』에 아래와 같은 내용이 기록되어 있다.

1670년대 어느 날 밤에 산에 불꽃이 생기면서 이상한 일들이 많이 생겼다. 사람들이 점술가에게 물어보니 조선에서 숭상되고 있는 신이 나타난 것이라고 알려주었다. 사람들은 길일을 택해서 불길이 일어났던 장소에 거대한 바위를 숭배하고 사당을 짓고 제사를 올렸다고 한다.

1838년에 기록된 『이집원유서기(伊集院由緒記)』에는 다마야마궁은 조선 사람들이 나에시로가와(苗代川)에 이주하여 살 때 창건되었으나,

그 후 벼락에 의해 화재로 사당이 소실되었고, 그 이후 1670년대에 단군의 강림이라고 하는 기이한 일이 일어나 사당이 조영되었다고 한다.

다마야마(玉山)신사

제례는 매년 음력 8월 14일 이루어지는데 고레모찌가에시(高麗餅返し)라는 것을 하면서 길흉을 점쳤다고 한다. 제례는 모두 조선식으로 하고, 축사, 가무 노래도 한글로 진행하며, 제사 도구도 조선 이름으로 전해졌다고 한다. 神刀(신칼), 太鼓(북), 杖鼓(장구) 등을 한글 그대로 사용하고 있다고 한다.

내려오는 길에 '사쓰마도기창조박평의기념비(薩摩陶器創造朴平意記念碑)'라고 쓰여 있는 묘비가 세워져 있고 그 옆의 커다란 바위에 '사쓰마요발상의땅(さつま燒發祥の地)'이라고 새겨 기념하고 있는 것을 볼 수 있다. 이곳 사쓰마 도자기는 규슈 내에서 도자기 산지로도 유명한 곳으로 그 자부심을 표시하기 위해 이를 만들어 놓은 것 같았다. 정유재란이라는 힘든 시기에 우리 조상들이 이곳에 정착하고 오랜 기간

을 지나오면서 그 흔적을 잘 간직하고 있는 모습을 이렇게 찾아와 볼
수 있는 것이 한일 관계의 이야기를 풍요롭게 해 주었다.

참고자료

『正史 三國志』, 김원중, 민음사

『完譯 日本書紀』, 전용신, 일지사

『일본서기의 비밀』, 심경호, 황소자리

『古事記』, 권오엽, 고즈윈

『古代韓國과 日本 列島』, 최재석, 일지사

『한일고대사유적답사기』, 홍성화, 삼인

『쌍어 속의 가야사』, 강평원, 백성

『가야공주 일본에 가다』, 이종기, 책장

『잃어버린 왕국』, 최인호, 열림원

『제4의 제국』, 최인호, 여백

『가야 백제 그리고 일본』, 송종성, 서림재

『백제에 의한 왜국통치 삼백년사』, 윤영식, 청암

『백제 무령왕의 세계』, 소진철, 주류성

『일본에 살아있는 백제 문화』, 임동권, 주류성

『사료를 보니 백제가 보인다』, 정재윤, 주류성

『일본 속의 한국 문화재』, 이경재, 미래M&B

『일본 속의 한국문화 유적을 찾아서』, 김달수, 대원사

『일본 속의 한국 문화유적을 찾아서』, 홍윤기, 서문당

『마주 보는 한일사 I』, 한국역사교사모임, 사계절

『한일 교류의 역사』, 역사교과서 연구회, 혜안

『단군과 고구려가 죽어야 민족사가 산다』, 김성호, 월간조선사

『일본은 한국이더라』, 김향수, 문학수첩

『조선설화집』, 손진태, 민속원

『일본, 또 하나의 한국』, 부지영, 한송

『한일 민족의 원형』, 김용운, 평민사

『나의 문화유산답사기』, 유홍준, 창작과 비평사

『역사를 버린 나라 일본』, 양지승, 혜안

『한국과 일본 왜곡과 콤플렉스의 역사』, 한일관계사학회, 자작나무

『대성동고분박물관 전시안내도록』, 대성동고분박물관

『여행박사 규슈』, 엘까미노

『古事記と日本書紀』, 西東社

『ひむか神話傳說』, 宮崎市神話.觀光ガイドボランティア協議會, 鑛脈社

『〈倭と古代アジア〉史考』, 松本淸張, やまかわうみ

『渡來人とは何者だったか』, 武光誠, 河出書房新社

『伽倻は日本のルーツ』, 澤田洋太郎, 新泉社

『戰爭日本史』, 倉本一宏, 講談社現代新書

『古事記神話を旅する』, 洋泉社

『日本書紀古代ヤマトを旅する』, 洋泉社

『萬葉集いにしえの歌を旅する』, 洋泉社

『日本の神社』, 井上順孝, 東京美術

《歴史讀本》, 臨時增刊號 84-6, 新人物往來社

《歴史と旅》, 平成5年 5月號, 秋田書店

『街道をゆく2　韓のくに紀行』, 司馬遼太郎,　朝日文庫

『古事記で読みとく地名の謎』, 島崎 晋, 廣濟堂新書

『地名の秘密』, 八幡和郎, 洋泉社

『日本の仏』, 速水侑, 青春出版社

『謎の伽倻諸國と聖德太子』, 武光 誠, ネスコ

『日朝交流史』, 李進熙, 有斐閣選書

『古代史50の秘密』, 関裕二, 新潮文庫

『るるぶ九州』, RBるるぶ

『糸島市立伊都國歴史博物館 常設傳示圖錄』

『神社紀行 太宰府天滿宮』, 學研

『地圖で訪ねる歴史舞臺』, 帝國書院

『DAZAIFU』, 澤田瞳子, 文化庁

『太宰府市文化ふれあい館 解說シート』, 太宰府市文化ふれあい館

『各 神社 略記』, 各 博物館 說明書 等

『宮崎の神社』, 宮崎市觀光協會

『日向神社旅』, 宮崎県

『市史だより』, 福岡市博物館

『福博歴史探訪』, 旅人

『末盧国世界展』, 唐津市文化振興財団

『むなかた』, 宗像大社